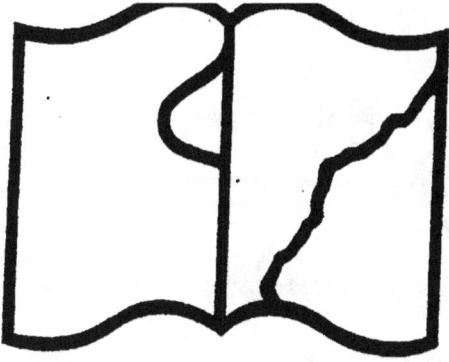

Texte détérioré — reliure défectueuse
NF Z 43-120-11

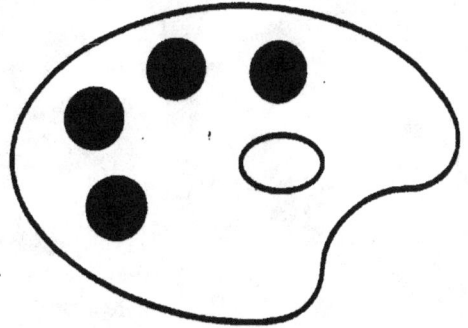

Original en couleur
NF Z 43-120-8

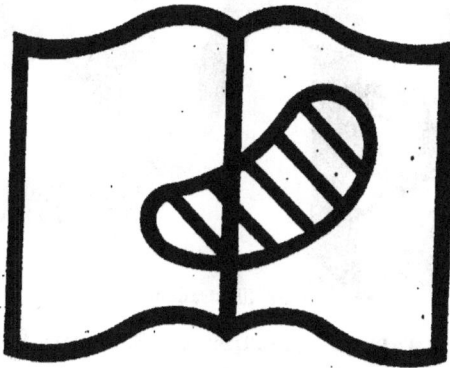

Original illisible
NF Z 43-120-10

VALABLE POUR TOUT OU PARTIE

Les Productions Normandes

J. GIRIEUD

Rouen

ET SES

MONUMENTS

Illustrations de

MM. J. Adeline, E. Decoprez, E. Deshays, G. Dubosc,
J. Girieud, E. Morel, E. Nicolle,
C. Rambert, etc.

LES EXCURSIONS NORMANDES

ROUEN ET SES MONUMENTS

Les Excursions Normandes

ROUEN ET SES MONUMENTS

Par J. GIRIEUD

Illustrations de MM. J. ADELINE, F. DECOPREZ, E. DESHAYS, G. DUBOSC, J. GIRIEUD
E. MOREL, E. NICOLLE, C. RAMBERT, etc.

ROUEN

IMPRIMERIE J. GIRIEUD ET Cᵉ, ÉDITEURS

ROUEN

Rouen, couronne de la Normandie, joyau de France, chef-lieu du département de la Seine-Inférieure, la ville aux glorieuses flèches qui se perdent dans les nuages, est le siège d'un commandement de corps d'armée, d'une cour d'appel, d'un archevéché, etc.

Pittoresquement située sur la Seine et au confluent de l'Aubette, du Robec et du Cailly, elle est une ville de premier ordre et l'une des plus importantes par son industrie et son commerce.

Rouen, en effet, possède de nombreuses et grandes usines pour la filature et le tissage du coton. On y fabrique des rouenneries et des indiennes très appréciées sur les marchés français et étrangers. On y voit de grandes teintureries, de belles fonderies de fer, de plomb et de cuivre, des fabriques de produits chimiques et d'importants chantiers de construction de navires.

L'antique cité, aujourd'hui presque entièrement transformée et modernisée, mutilée dans ses souvenirs du passé, ayant perdu en ce siècle de nombreux et magnifiques édifices, est resté quand même une des plus curieuses villes du monde, un considérable entassement de richesses monumentales.

On y voit encore, dans chacun de ses quartiers, des rues mystérieuses à tournants et ressauts imprévus, garnies de formidables silhouettes de maisons, s'avançant en surplombs pittoresques sur leurs voisines d'en face.

C'est un enchevêtrement fantastique, une forêt d'audacieuse et stupéfiante architecture, qui charme et retient le touriste.

La ville proprement dite affecte, dans son ensemble, une forme elliptique, orientée de l'Est à l'Ouest, et délimitée par une suite de boulevards qui marquent l'emplacement de l'ancienne enceinte fortifiée.

Son port est le quatrième de France par le mouvement de sa navigation.

Rouen possède quatre gares et un important réseau de tramways électriques.

Déjà sous les Romains, la vieille capitale normande avait une grande importance sous le nom de *Rothomagus* (palais de Roth ou de Vénus).

En 1203, Arthur de Bretagne y fut assassiné; sous Charles VI, la *Harelle*, émeute sanglante y éclata et y fut réprimée et suivie de l'abolition des libertés communales. En 1418-1419, Rouen soutint un siège long et cruel contre les Anglais. La valeureuse Jeanne-Darc fut brûlée vive, sur la place du Vieux-Marché, le 30 mai 1431.

En 1562, les huguenots s'emparèrent de la ville qui fut reprise aussitôt par le duc de Guise. En 1592, Henri IV l'assiégea sans succès.

Rouen est la patrie des deux Corneille, du poète Pradon, de Mme Duboccage, du compositeur Boïeldieu, des peintres Jouvenet, Restout, Lemonnier, Géricault, des savants Lémery, Fontenelle, Edouard Adam, Dulong, de l'explorateur Cavelier de la Salle, du publiciste Armand Carrel, du romancier Gustave Flaubert et de tant d'autres hommes illustres.

Rouen, témoin de tant de drames célèbres et d'évènements importants, berceau d'une civilisation industrieuse et active, attire l'attention de toute intelligente curiosité.

Nous allons conduire le lecteur à travers cette grande ville. Nous irons un peu au hasard, guidé par la fantaisie, essayant de grouper autour d'un monument principal les curiosités dignes d'être visitées, de façon à éviter au touriste des courses trop longues et une perte de temps précieux. Nous essayerons de raconter ce que disent ces monuments vénérables, qui font la gloire de notre belle Normandie.

ROUEN AU XVIe SIÈCLE

Le Palais de Justice, dont les quatre faces donnent sur la rue St-Lô, la place Verdrel et rue Jeanne-Darc, la rue aux Juifs, et la rue Boudin, est un monument de l'architecture ogivale dans l'époque de transition vers le style de la Renaissance, pur chef-d'œuvre, le plus beau sans conteste de tous ceux qui ont été affectés aux services des Tribunaux. On ne connaît rien en effet de plus riche ni de plus merveilleux.

Il s'élève sur l'emplacement de l'ancien *Clos-aux-Juifs*, quartier que Philippe-le-Bel confisqua en 1306 et qui fut acheté par la ville moyennant trois cents livres.

Ce quartier, longtemps un terrain vague où l'on faisait paître les chevaux, fut converti en marché, sous le nom de *Neuf-Marché*, lorsque l'on supprima celui qui se tenait sur la place Notre-Dame, vers 1435.

En 1493, le Conseil de la ville, décida d'y élever, la *Salle commune de la ville*, bâtiment à l'usage du commerce et de la justice, où le bailli et le vicomte de Rouen devraient transporter leur juridiction, et où se réuniraient les marchands qui, jusque-là, traitaient leurs affaires dans la Cathédrale.

Six années plus tard, lorsque Louis XII déclara permanent l'Echiquier de Normandie qui, jusqu'alors, avait tenu ses séances dans le Vieux-Château de Philippe-le-Bel, le projet fut mis à exécution, réunissant ainsi, en un seul édifice, la Salle commune et le Palais de l'Echiquier, sous la direction de l'architecte Roger Ango. C'est l'aile gauche actuelle du Palais de Justice.

Ce n'est qu'en 1508, que l'Echiquier pût prendre possession de son local, dit le *Palais-Neuf*, aujourd'hui *Salle des procureurs*.

Quelque temps après, Louis XII qui était venu présider une séance, jugea le bâtiment trop insuffisant pour le bon fonctionnement des divers services de la Cour, et il ordonna la construction d'un *Palais-Royal*, qui aurait le premier pour annexe.

Le nouvel édifice, qui fut construit par Roulland Le Roux, forme le centre du Palais de Justice et, l'architecture civile des xv° et xvi° siècles, n'a rien produit de plus délicat et de plus riche que l'ornementation de la façade principale, qui a soixante-cinq mètres de développement, dont le milieu est occupé par une tourelle octogone aux trumeaux chargés de dais, de statues, de clochetons ; les fines et charmantes sculptures des fenêtres, et la série d'arcades historiées qui, sur toute la longueur de l'entablement, forment une galerie de légère dentelle, l'élégante arête de plomb qui termine le toit, avec les somptueuses et hautes lucarnes, à triple arcature, percées à la base de la toiture, sont d'un luxe inouï, d'une élégance féérique.

L'admiration du touriste est encore excitée par les statues superbes, sculptées par Brun et qui représentent Louis XII, Anne de Bretagne, le cardinal Georges d'Amboise, François Ier, la Justice ; d'autres, un laboureur, une villageoise, un seigneur, une grande dame, un

LE PALAIS DE JUSTICE

artiste, un moine, qui personnifient, en un mot, les différentes classes de la Société à cette époque. Le tout dans un heureux agencement des proportions.

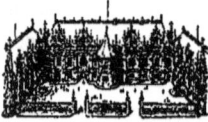

On s'installa dans cet édifice en 1514, avant qu'il ne fût achevé extérieurement, et en 1515, le Parlement ne toléra plus les marchands dans la Salle commune qui fut cédée aux Procureurs, d'où lui vint le nom de *Salle des Procureurs*.

A cette même époque, il fut également décidé que le Neuf-Marché, ne se tiendrait plus qu'à l'endroit où il est aujourd'hui, et on fit construire, du côté de la rue aux Juifs, un mur crénelé qui clôture la cour du Palais.

Les sculptures du palais nécessitèrent plus de vingt années de travail.

On accédait au palais par le *grand degré*, escalier qui était placé entre l'escalier actuel et la fenêtre du greffe, et qui fut reporté en 1608 à l'encoignure de la rue aux Juifs, pour être placé définitivement au milieu de l'aile gauche, en 1830.

La construction d'une aile droite fut décidée en 1696 par Louis XIV, pour y installer une seconde Chambre des enquêtes qui venait d'être instituée.

C'est en 1702 qu'on acheva ce corps de bâtiment qui contrastait désagréablement par son style, avec les deux autres. Son plafond, qui avait été peint, de la main gauche, par Jouvenet, s'écroula en 1812.

Ce bâtiment fit place à l'aile neuve que Grégoire, l'architecte du département, éleva en 1843 sur le modèle de Roger Ango.

En 1830, le mur à créneaux qui fermait la cour fut remplacé par une grille en fer.

A l'intérieur, c'est dans l'ancienne Grande-Chambre du Parlement que siège aujourd'hui la Cour d'Assises de la Seine-Inférieure. Cette grande salle est une véritable merveille avec son plafond à compartiments et caissons découpés en étoiles, agrémenté de rosaces et d'ornements en bronze doré, dans une disposition empruntée au goût arabe. Il est tout en bois de chêne que le temps a noirci et donne l'illusion d'une mer houleuse d'un effet féerique. C'est une œuvre étonnante et hardie.

Cette salle a été restaurée de 1857 à 1860 et ses murs ont été parsemés d'abeilles. Au-dessus des sièges de la Cour se trouve un Christ en croix et les statues de la Justice et de Flore. Les fenêtres sont ornées de vitraux coloriés aux armes des villes de Normandie.

Plusieurs lits de justice y furent tenus en 1508 par Louis XII, en 1517 par François Ier, en 1550 par Henri II. C'est dans cette salle que Charles IX se déclara majeur devant le Parlement de Normandie.

Aujourd'hui, pendant les assises, elle offre un vrai spectacle avec son jury, ses gendarmes, ses soldats et la Cour en robes rouges.

Dès qu'on en ouvre les portes, il se produit de formidables poussées ; c'est à qui aura la première place pour entendre les jugements des crimes sensationnels. On vient là comme on irait au théâtre et les commentaires vont leur train.

Parmi les assistants du fond de la salle, un certain public pour lequel les assises sont souvent un cours d'instruction criminelle, est là l'oreille tendue, admirant les réponses du criminel dont il sera peut-être l'émule de-

LE PUBLIC DU FOND DE LA SALLE PENDANT LES ASSISES

main, louant ou critiquant ses procédés. Il y a quelques années, quand la salle était encore coupée par une séparation en bois, on les voyait au premier rang, appuyés sur la barrière, suivre toutes les phases de l'affaire avec un intérêt que la longueur des débats ne pouvait diminuer.

Dans la chambre du Conseil, on remarque plusieurs portraits de présidents et de conseillers au Parlement de Normandie, un tableau du Christ en Croix, aux pieds duquel se tiennent deux saintes femmes. Ce tableau, donné par Louis XII, se trouvait dans la salle des Assises, avant sa restauration ; il est sur fond or et constitue une véritable œuvre d'art.

Des tourelles octogones contenant des escaliers, flanquent, à leurs angles, les deux ailes du Palais de Justice.

Dans l'aile gauche, le rez-de-chaussée est occupé par le logement du concierge et par les prisons. Au premier étage, la *Salle des Pas-Perdus*, anciennement salle des Procureurs, mesure 48^m72 de long et 16^m24 de large. Elle est un objet d'admiration pour les visiteurs, avec son immense voûté que ne soutient aucun pilier et qui est en forme de carène de navire renversée ; des niches élégantes ornent les murs. On aperçoit, à l'une de ses extrémités, la maquette en plâtre de la statue de Corneille qui se trouve vers le Pont de pierre.

Le tribunal et le parquet de première instance occupent le reste du bâtiment.

Dans l'aile droite du Palais, on trouve la salle de la Cour d'Appel, qui renferme un *Christ* peint par Philippe de Champaigne, et un *Jugement de Salomon*, par Mignard. Au centre, on trouve la *Salle des Audiences solennelles*, dont le plafond représente la *Justice invoquée*, de Lauger. Sur les murs, dans le bas de la salle, on remarque deux superbes tapisseries des Gobelins, représentant l'une la *Justice*, par Lavaux. l'autre l'*Indulgence*, par Flament.

La façade du Palais qui donne sur la place Verdrel et la rue Jeanne-Darc présente un tout autre aspect, avec sa *Tour de l'Horloge* au toit en forme de hache. Elle fut construite en 1883, sur les plans de M. Lefort, architecte départemental.

UN COIN DU PALAIS DE JUSTICE
(vu de la rue Guillaume-le-Conquérant)

On remarquera dans les rues avoisinant le Palais de Justice des maisons à vieilles façades curieuses, principalement dans la rue aux Juifs, où l'on montre l'emplacement de la maison de Jouvenet.

Dans la rue Boudin, on aperçoit une maison du xviiᵉ siécle, à découpages de pierre.

.•.

L'Hôtel des Sociétés savantes, ancien Hôtel de la Première Présidence, est situé rue Saint-Lô, en face le Palais de Justice.

Il est du xviiiᵉ siècle et est séparé de la rue par un mur assez élevé. Deux figures ailées soutenant un écusson aux armes de Normandie décorent le sommet de la porte d'entrée en pierre.

Le pavillon central est à fronton sculpté avec deux ailes en retour.

A droite, se trouve un grand escalier avec frises décoratives et consoles où l'on voyait autrefois les bustes des d'Amboise. La rampe, en fer forgé, est très belle. Dans les appartements, on remarque de belles frises sculptées, principalement dans la Salle de l'Académie de Rouen où se trouvent des tableaux et gravures d'une certaine valeur, la bibliothèque et les archives.

L'Hôtel des Sociétés savantes sert de lieu de réunion à de nombreuses Sociétés.

Dans le jardin, on peut voir une fontaine avec mascaron et vasque en marbre blanc.

.•.

PORTAIL DE L'ANCIENNE ÉCOLE NORMALE

Tout à côté, se trouve le *Musée industriel et commercial*, fondé dans l'enclave de la rue Saint-Lô, par les soins de la Société libre d'Emulation du Commerce et de l'Industrie.

Ce musée, qui est ouvert tous les jours, comprend des échantillons et types de marchandises destinées à entrer dans l'industrie, ainsi qu'une collection très importante d'étoffes peintes ou imprimées à Rouen depuis le xviiiᵉ siècle. On y voit encore un cabinet de dessins et d'estampes, ainsi qu'une bibliothèque, un outillage et des produits industriels et artistiques.

Dans la rue de la Poterne, qui commence à l'angle du Musée industriel, se trouve un curieux hôtel du xviiᵉ siècle.

2

L'Ecole professionnelle, dont les travaux avaient été décidés en 1883, fut inaugurée en 1886.

La façade principale donne dans la rue Saint-Lô. Elle est bâtie en moellon piqué et briques avec ornementations céramiques polychromes.

VÛE D'ENSEMBLE DE L'ÉCOLE PROFESSIONNELLE

Elle est entourée d'une grille en fer qui a remplacé une construction peu élégante, dont on n'a conservé que le beau portail gothique, unique reste de l'ancienne église paroissiale de Saint-Lô, qui portait ce nom à cause des reliques de saint Lô, évêque de Coutances, qui y avaient été apportées par Théodore au x° siècle. Cette église était alors contiguë au prieuré de Saint-Lô, qui, depuis la Révolution, jusqu'en 1828, servit de prison et de caserne à la gendarmerie. A ce moment, il devint l'Ecole normale d'instituteurs primaires, créée par ordonnance du 26 novembre 1823, aujourd'hui transportée à l'ancien Saint-Yon.

Le côté du terrain qui borde la rue des Fossés Louis VIII, où se trouvait le jardin de l'ancienne Ecole normale, a été réservé aux ateliers de l'Ecole professionnelle.

L'ensemble des bâtiments est d'un effet très réussi, et l'ornementation extérieure est bien imaginée.

LA PLACE NOTRE-DAME EN 1886   L'ANCIEN BUREAU DES FINANCES

Le Bureau des Finances

La place de la Cathédrale. — La rue Grand-Pont. — Le bureau des Finances. — Le musée de dessin industriel. — La rue Ampère. — L'ancienne Chambre des Comptes. — La Santa Casa. — La place de la Calende. — L'Archevêché.

La place de la Cathédrale, autrefois *place du Parvis*, se trouve au centre de la ville. C'est un des endroits les plus fréquentés de la cité. Cette place a beaucoup changé d'aspect depuis l'élargissement de la rue Grand-Pont, en 1886.

Les anciennes maisons ventrues, descendant sur leurs assises, qui la bordaient dans un désordre très pittoresque, ont fait place à des constructions dans le goût et le confortable moderne.

Avant la Révolution, des *murets*, murs à hauteur d'appui, à créneaux, entouraient la place du Parvis. Ils étaient fermés chaque soir, après le couvre-feu, au moyen de petites barrières mobiles, et s'ils assistèrent à de grandes réjouissances, ils furent aussi les témoins muets de bien des scènes sanglantes et barbares.

LE CALVAIRE, SUR LA PLACE DU PARVIS, EN 1522.

Au milieu de la place, en 1522, on construisit une élégante fontaine à huit pans, à ornements gothiques, à niches, où étaient finement sculptés la Vierge et des anges embouchant la trompette sacrée, à quatre bouches d'où l'eau s'échappait pour tomber dans une large vasque.

Aux angles du mur d'enceinte s'élevaient deux calvaires du XIII⁰ et XVI⁰ siècles, auprès desquels passaient les processions le jour des Rameaux et le jour des Morts, et un pylone terminé par une couronne ducale aux armes de Normandie.

.᎐.

En 1886, la rectification de l'angle de la rue Grand-Pont, du côté de la place de la Cathédrale, a entraîné la démolition de deux maisons très curieuses dont les façades donnaient sur le parvis. Depuis, est survenue la destruction des autres maisons qui donnaient à ce coin du vieux Rouen, un aspect si pittoresque.

La rue Grand-Pont est une des plus vieilles de la ville et, actuellement, l'une des plus commerçantes. Elle commence au quai, dans le prolongement du pont Boïeldieu, laisse à droite la rue du Fardeau où l'on aperçoit, à côté du n° 1, une maison du XVIe siècle et s'arrête à la place de la Cathédrale, où la rue des Carmes, puis la rue Beauvoisine lui font suite jusqu'aux boulevards. Ces trois rues séparent la ville à peu près par le centre.

La rue Grand-Pont conserve encore de vieilles maisons à l'aspect très pittoresque, qui la bordent d'un côté avec un souverain mépris de l'alignement.

La construction des *Nouvelles Galeries*, en 1898, a fait disparaître un grand nombre de ces vieilles bâtisses normandes et les dernières survivantes ne tarderont pas à disparaître à leur tour.

L'église évangélique Wesleyenne est au n° 38 de la rue Grand-Pont.

FONTAINE DE LA PLACE NOTRE-DAME, EN 1522

Reconstituée par M. J. Adeline, Exposition de Rouen 1896.

En 1898, les maisons à l'angle de la rue des Carmes et donnant sur le parvis ont également disparu sous la pioche des démolisseurs, en sorte que la plupart de ces maisons, bâties vers 1509, et qui avec les silhouettes découpées que leur donnaient les hauts pignons, leurs pavillons poussés au sommet des toits, leurs belvédères, leurs enseignes qui faisaient ressortir les hautes et puissantes proportions de la Cathédrale, ont disparu.

.·.

Sur la place Notre-Dame, en face de la Cathédrale, se trouve le *Bureau des finances*, autrefois palais de la Cour des Aides, édifice qui marque nettement la transition du style ogival au style Renaissance, une merveille d'ornementation.

Il fut commencé sous le règne de Louis XII, en 1509, et achevé sous François Ier.

LES MURETS SUR LA PLACE DU PARVIS, EN 1522

Reconstitués par M. J. Adeline, Exposition de Rouen 1806.

Ce fut Roulland Le Roux qui construisit aux frais de Thomas Bohier, général de Normandie, cet édifice de merveilleuse architecture.

D'abord *Maison des Généraux*, puis *Bureau des finances*, ce chef-d'œuvre sert actuellement de local à la *Société Industrielle de Rouen*. Sous la Révolution il servit de salle de concert.

Il a face sur le parvis Notre-Dame et sur l'étroite rue Ampère, et a subi de nombreuses dégradations. Il est regrettable que ce monument artistique se trouve déshonoré par les enseignes qui le couvrent.

Le Bureau des finances est divisé en trois étages et un comble très élevé prenant jour par quatre lucarnes. Le rez-de-chaussée comprend sept arcades surbaissées, aujourd'hui complétement masquées par des magasins. Sept fenêtres demi-cintrées séparées par un meneau droit éclairaient l'entre-sol très bas.

A l'étage principal s'ouvrent sept fenêtres très hautes, séparées par des pilastres portant sur des piédestaux à corniche avec arabesques. La grande fenêtre centrale décorée de moulures, est formée par une voussure demi-cintrée.

Les ornements de cet édifice se composent de petites niches ornées de dais, de trumeaux avec écussons, médaillons en couronne, portant les chiffres de Louis XII avec porcs-épics, de pilastres et de salamandres qui décorent ses hautes fenêtres.

LE BUREAU DES FINANCES
avant la conversion de son rez-de-chaussée
en magasins.

Au-dessus de l'entablement supérieur qui se compose d'une corniche peu large, avec ressauts aux pilastres se développe une frise large, divisée en métopes décorés de cornes d'abondance se reliant à des vases par un motif de feuillage.

La porte d'entrée, qui donne sur la rue Ampère, a le tableau de rubans et de feuilles de viorne.

C'était certainement un des plus beaux monuments du xvi° siècle, avec sa porte principale d'une décoration exquise, surmontée d'un porc-épic, ses fenêtres hautes et larges, sa loge à encorbellement, d'une grande recherche de détails, ses magnifiques bas-reliefs, ses combles à crête ouvragée et ses lucarnes à clochetons.

C'est dans l'ancien Bureau des finances que se trouve le *Musée de dessin industriel*, fondé par la Société Industrielle de Rouen, où se tient une exposition permanente des échantillons de nouveautés en tous genres, qui comprend plus de 550.000 types.

• • •

Dans la rue Ampère, anciennement rue *Petit-Salut*, on remarque une curieuse maison

du XIIIᵉ siècle, avec escalier extérieur en bois et petite porte Louis XIII. On y remarque également l'église de Saint-Candé-le-Jeune, qui est occupée aujourd'hui par l'usine de la Société
Normande d'Electricité.

Cette église, qui avait été élevée en l'honneur de saint Victor, fut supprimée en 1791.

LE BUREAU DES FINANCES SUR LA PLACE DU PARVIS

Reconstitué par M. J. Adeline, Exposition de Rouen 1896.

Elle a un joli portail vers la rue aux Ours, et sa tour gothique a perdu en 1792 la flèche en
bois, revêtue de plomb, qui la surmontait.

Pendant les fouilles qu'on y fit, en 1892, on y découvrit une maison gallo-romaine.

* * *

Près de la place de la Cathédrale, dans la rue des Carmes, une façade en pierre de
la Renaissance (époque de François Iᵉʳ avec fenêtres et colonnettes à statuettes) se trouve
encastrée dans le vaste immeuble construit par la Compagnie d'assurances la Mutuelle-Vie.

3

C'est l'ancienne Chambre des Comptes. Une galerie formant passage fait communiquer la rue des Carmes à la rue Saint-Romain.

Dans une cour intérieure, vers la droite, se trouve une chapelle avec voûte et pendentifs, donnant sur une belle porte, rue des Quatre-Vents, dont la voussure est ornée d'arabesques fines et délicates.

Par une série d'arcades ouvertes, les passants peuvent admirer les sculptures de ce merveilleux édifice restauré avec un soin extrême.

Avant la démolition, en 1898, cet hôtel, qui date de 1544, et qui est l'ancien hôtel particulier des Romé de Fresquienne, agrandi par diverses acquisitions au xvIIᵉ siècle, avait une porte qui donnait sur la rue des Carmes, au nº 20. Cette porte était surmontée d'un écusson dû au sculpteur rouennais Ch. Leprince.

* *

Derrière cet hôtel, rue de la Croix-de-Fer, nº 4, au fond d'une cour, on voit un hôtel de la Renaissance, appelé *Santa Casa*, et dont la porte offre un haut relief sculpté qui représente le Triomphe de Diane et Hercule déchirant le lion de Némée.

* *

La place de la Calende se nommait primitivement port Morand, port au Blé, port des Navires, port Notre-Dame, parce que, jusqu'au xIᵉ siècle, les eaux de la Seine arrivaient jusque-là.

On y voit plusieurs maisons du xvIIIᵉ siècle et une maison du xvᵉ siècle, à droite avec un curieux escalier gothique.

On appelait *Calende*, en latin *Calendæ*, une confrérie, datant de 1280, qui s'assemblait le premier jour de chaque mois. D'autres pensent que c'est une altération de *Calandre*, machine à lustrer les étoffes et, en effet, il y eut beaucoup de calendreurs dans les environs de l'archevêché.

Le précédent Hôtel-Dieu se trouvait entre la place de la Calende et la rue de la Madeleine. La grande maison qui se trouve en face le portail de la Calende a encore la façade de cet ancien édifice, qui fut transféré, en 1758, sur le Lieu de santé.

* *

L'Archevêché, qui est attenant à la Cathédrale, s'étend entre les rues des Bonnetiers et Saint-Romain. Il offre extérieurement une suite de murs percés de fenêtres avec des contreforts et tourelles demi-saillantes à pan coupé, avec niches en dessous, dépourvues de leurs statues.

La porte d'entrée, dans la rue des Bonnetiers, est à fronton triangulaire avec écusson et panneaux vermiculés. On y voit aussi une tête de lion. Cette porte, qui est au fond d'un hémicycle, fut construite en 1773.

Les bâtiments intérieurs, auxquels on accède par un escalier à vis, pratiqué dans une tourelle, ont face sur le jardin. Ils furent construits par les cardinaux d'Estoutteville et Georges Iᵉʳ d'Amboise et en partie remaniés par Mansart.

On y remarque une porte d'architecture toscane qui donne accès à la *Salle des États* ou grande salle de réception. Cette porte aurait été faite sur les dessins de Mansard, elle est le dernier vestige d'une remarquable galerie de marbre qui fut détruite en 1604.

La salle de réception renferme les vues des villes de Rouen, de Gaillon, du Havre et de Dieppe, tableaux d'Hubert Robert, données par le cardinal de La Rochefoucauld ; on y donna des réceptions et des concerts en 1789, lorsque l'autorité militaire s'y installa. Déjà, en 1650, Louis XIV avait présidé une assemblée de notables dans la Salle des États.

La Cathédrale

La Cathédrale. — Le grand Portail. — Portail Saint-Jean. — Portail Saint-Etienne. — La Tour Saint-Romain. — La Tour de Beurre. — La Tour centrale. — Portail des libraires. — Le Portail de la Calende. — Les Chapelles. — Le tombeau des cardinaux d'Amboise. — Le tombeau de Louis de Brézé.

La Cathédrale de Rouen est le monument qui vous prend le plus impérieusement l'âme, c'est la plus haute œuvre vivante que le moyen âge ait légué à la ville moderne.

Ce vieux Titan de pierre est un divin poète qui chante au XIXe siècle, les splendeurs de ces époques de foi sublime et d'art merveilleux, où nos pères voyaient beau et faisaient grand.

Pour avoir une idée de l'ensemble de cet imposant monument, il faut en faire le tour par les rues du Change, des Bonnetiers, de la République, Saint-Romain et des Quatre-Vents. On sera étonné des proportions colossales de la flèche en fer.

L'église actuelle, qui donne sur la place de la Cathédrale, est le cinquième édifice religieux élevé à cet endroit ; c'est une des cathédrales les plus belles.

FRAGMENT DE SCULPTURE DE LA CATHÉDRALE.

Elle fut commencée en 1201, et est construite sur un plan en croix. Elle a une vaste nef, flanquée de deux collatéraux avec chapelles. Les transepts sont également à collatéraux avec des chapelles à absides polygonales ; le chœur et le sanctuaire sont terminés par la chapelle de la Vierge, aux vastes proportions.

L'édifice compte sept tours; la tour centrale qui est élevée sur la croisée, deux tours sur la façade principale et deux autres tours à chacun des portails des transepts.

A l'exception des deux portails latéraux, qui sont de la fin du XIIe siècle, la large façade du grand Portail, lavée par les pluies, a été construite par Roulland Le Roux; c'est Georges d'Amboise qui en posa la première pierre, le 18 juin 1509; il fut terminé en 1530.

On remarque sur les contre-forts des petites statues de prophètes et de sibylles, des imagiers Théroulde et Désolbeaux, le bas-relief de l'*Arbre de Jessé*, qui décore le tympan, est également de ce dernier. C'est Colin Castille qui décora les portes de fines et élégantes arabesques. Dans toutes les voussures et l'ébrasement de ce portail la décoration comporte une alternance de feuillages, bas-reliefs, dais et fleurons, qui subirent malheureusement la fureur des Calvinistes en 1562 et la morsure des fougueux enfants d'Eole en 1583.

Le cadran de l'horloge est placé au bas du fronton en forme de pyramide ajourée, qui s'élève au-dessus de la porte centrale.

De 1407 à 1430, Jehan Salvart, Jehan Lebrun, et Jehan Lescot construisirent quatre clochetons qui terminaient la façade ; il n'en reste plus qu'un seul aujourd'hui, un violent ouragan ayant abattu les autres en 1682.

Le portail est flanqué à ses deux extrémités, par des contre-forts inachevés qui furent construits sous la direction d'Alavoine en 1827.

A gauche, le portail nord, qu'on appelle *Portail Saint-Jean*, appartient au commencement du XIIIe siècle ; il a 11 m. 85 de haut sur 2 m. 75 de large et sa porte à linteau est sous voussure en arque aigu que protège un arc en plein cintre à voussures lisses.

Les soubassements à deux rangs de caissons, sont décorés d'ornements taillés en forme d'œufs ajourés et agrémentés de feuillages et de fleurons et, de loin en loin, de figures grotesques ; il supportent des colonnettes dont la base à filets est protégée par des griffes que forment des animaux imaginaires et fantasques. Les pieds droits sont garnis de vigoureux feuillages.

L'arcade posée sur une frise de feuillage a quatre voussures concentriques et rentrantes, dont deux formées par des feuilles de fougères, les deux autres à trois pans à trèfles et croissants ajourés.

Le tympan divisé en deux registres montre en haut *les disciples de Saint-Jean l'ensevelissant* ; au-dessous *le martyre de Saint-Jean.*

LA FLÈCHE PENDANT LA RÉPARATION
EN 1886.

Les vantaux avec pentures sont du xiii° siècle.

A droite, le portail sud, qu'on appelle *Portail Saint-Etienne*, est également du xiii° siècle. Il a la même disposition que le précédent. On voit à l'angle d'une des voussures de droite, une tête de lion, et à la retombée des voussures des bustes et des têtes humaines. *La lapidation de Saint-Etienne*, et une figure du Christ dans un nimbe en amande occupent tout le tympan. Des peintures presque entièrement effacées se devinent sur un fond plat, au-dessus des voussures.

La *Tour Saint-Romain*, à gauche, à la base entièrement nue, que soutiennent trois contre-forts, est recouverte d'un toit aigu en ardoises. Elle est du xii° siècle, mais fut remaniée au xv° siècle par Guillaume Pontifz. Ses trois étages, en retraite l'un sur l'autre, sont ornés de fenêtres aveuglées, à lancettes ; au quatrième étage, les fenêtres en ogive sont des plus simples et terminées par une balustrade. Le dernier étage, qui fut construit en 1467, est couvert par un toit élevé, décoré de soleils en plomb, surmonté de deux croix en poinçons.

C'est dans cette tour que se trouve la sonnerie du beffroi auquel on accède par un escalier gothique en bois. Le gros bourdon, qui fut fêlé en 1845 et refondu en 1830, pèse 7,500 kilos.

Cette tour, qui a 75 mètres de hauteur, est reliée à la Cathédrale par un petit bâtiment qui consiste en une galerie formée par une balustrade. Cette construction est des xii° et xiv° siècles.

Près de la Tour Saint-Romain, s'ouvre la *Cour d'Albane* au fond de laquelle se trouve la *Salle capitulaire*, à travées éclairées par de grandes fenêtres ogivales et dont l'étage est surmonté d'une balustrade. La salle de la bibliothèque se trouve en arrière ; on y remarquera une fenêtre de Jean Davy, et l'exposition des manuscrits, des livres, des tapisseries, etc, qui formaient autrefois le trésor de la Cathédrale.

L'élégante *Tour de Beurre*, à droite, fut bâtie de 1485 à 1507, avec le produit des aumônes des habitants auxquels la permission de manger du beurre pendant le carême, avait été accordée. De là son nom.

Chaque face de son corps carré est percée de grandes fenêtres ogivales à meneaux qui datent du xvi° siècle. Il faut remarquer le dernier étage qui fut construit par Jacques Le Roux vers 1507 ; il est octogonal et d'une ornementation exubérante de richesse.

Le second étage, supporte huit statues, et le troisième seize. Parmi ces dernières, on voit très distinctement Adam et Ève dans des attitudes réalistes qui montrent claire-ment qu'au bon vieux temps, les artistes donnaient toute licence à leurs idées folichonnes.

Au rez-de-chaussée, une des baies de la Tour de Beurre fut élargie pour laisser passer la cloche Georges-d'Amboise qui pesait 18,000 kilos. Cette cloche, qui avait été fondue par Jean Le Machon, fut fêlée lors de l'entrée de Louis XVI en 1786, puis convertie en canons

Cliché de M. A. Marie.

LA CATHÉDRALE

en 1793, elle fit encore un rude tapage à la frontière ; on peut en voir le battant au musée d'antiquités.

La Tour centrale est du xvi⁰ siècle ; elle a 132 mètres de haut et elle fut construite en 1542 et détruite par la foudre en 1822.

La flèche en fer, qui s'élève sur ces deux étages en pierre, a 152 mètres de haut, et est flanquée à sa base de quatre clochetons ; elle fut édifiée de 1824 à 1876, sur les plans d'Alavoine. A son sommet, se trouve une lanterne en fer avec galerie circulaire d'où l'on embrasse les environs dé Rouen dans un merveilleux panorama.

Cette tour comprend un étage aveugle du xvii⁰ siècle, avec arcatures ; son premier étage, qui est du xiv⁰ siècle, fut remanié à la fin du xv⁰ siècle ; le second étage bâti par Roulland Le Roux avait été construit pour porter la flèche en pierre qui devait remplacer une flèche en plomb, fondue en 1514 dans un incendie, mais ce projet gothique ne fut pas exécuté et fut remplacé par une flèche en charpente dans le style Renaissance, ouvrage de Robert Becquet.

En 1886, rien que la peinture de la flèche de la Cathédrale a coûté dix-neuf mille sept cents quatre-vingt-quatre francs soixante-dix.

Le *Portail des Libraires* se trouve à l'extrémité du transept septentrional. La cour par laquelle on y accède est fermée par une espèce de jubé en pierre, qui fut restauré il y a quelques années.

C'est dans cette petite cour, qu'autrefois les libraires avaient installé leurs boutiques. De là l'appellation de *Portail des Libraires*. A gauche sont les bâtiments de l'ancienne *Officialité*, ou Tribunal ecclésiastique et les prisons, et à droite les bâtiments gothiques de l'ancienne bibliothèque du Chapitre. Tout près, on aperçoit les ruines de l'ancienne *Chapelle des Ordres* où fut rendue la sentence définitive de la condamnation de Jeanne Darc.

Le portail formé de deux baies ogivales accouplées, surmontées d'un grand gâble à fenestrages, est flanqué de deux tours carrées, dont les fenêtres ajourées sont divisées par de minces colonnettes. Les côtés du portail sont ornés de cent cinquante médailles qui montrent, dans des bas-reliefs, des figures grotesques, bizarres, contorsionnées. Dans les compartiments inférieurs on voit *la résurrection des morts* et *la séparation des Elus et des Maudits*. Des statues d'anges et de prophètes, qui sont privées de leurs supports, remplissent tout le pourtour des voussures.

Ce portail fut construit de 1430 à 1470 par Pontifz, sur les ordres du cardinal d'Estoutteville ; il a été restauré de nos jours.

Le portail méridional, qu'on appelle le *Portail de la Calende*, donne sur la petite place de ce nom. C'est un pur chef-d'œuvre. Des traits de la vie de Jésus sont représentés dans le tympan et sur le double linteau ; la statue du Christ est sur le trumeau et les statues des

apôtres occupent les niches de chaque côté ; des anges et des martyrs ornent les voussures
intérieures, tandis que des petits bas-reliefs enchâssés représentent différents épisodes de
la *Vie de Jacob et de Joseph*, ainsi que des scènes grotesques, comme par exemple ce pendu
qui, suivant la légende populaire, représente un boulanger qui vendait à faux poids et qui
fut pendu pour ce fait. Les biens du *brave* homme confisqués auraient servis à payer la
construction de ce portail de la Calende
qui fait l'admiration de tous les visiteurs et qui a été restauré de 1854 à 1866.

Les flancs de la nef, le chœur et l'abside sont du style ogival du XIIIᵉ siècle,
et les murs des chapelles latérales, entre
les contre-forts, du XIVᵉ siècle.

Près du portail de la Calende, se trouve
un autre petit portail qui donne sur
l'ancienne Cour des maçons ; on l'appelle la *Porte des Maçons* et, dans son
tympan à triples voussures, on voit un
bas-relief restauré qui montre la *Présen-
tation de la Vierge et de Jésus au Temple*.

Intérieurement, la Cathédrale est admirable dans ses grandioses et harmonieuses proportions. Le plan général,
en forme de croix latine, comprend une
triple nef de onze travées et les bas-
côtés, dans lesquels on a ajouté des chapelles latérales du XIIIᵉ au XVᵉ siècles, se
prolongent jusque dans les croisillons
du transept placé sous la tour centrale
qui a la forme d'une lanterne. Les deux
croisillons se terminent chacun par un
portail.

TOMBEAU DES CARDINAUX D'AMBOISE.

Le chœur que supportent de lourds piliers est de pur style normand avec déambulatoire et chapelles rayonnantes.

Les fausses tribunes des bas-côtés portent une galerie qui contourne les piliers, en
arrière de faisceaux de colonnettes reposant sur une retombée sculptée de sujets grotesques.

L'église, placée sous le patronat de Notre-Dame, est éclairée par cent trente fenêtres et trois grandes roses au-dessus des trois portails. Elle a intérieurement 136 mètres de longueur et 33 m. 20 de largeur; le transept à 54 m. 60 de longueur et la grande nef 28 mètres de hauteur.

Le pourtour de l'église est occupé par vingt-cinq chapelles qui sont :

La *Chapelle Saint-Etienne*, sous la Tour de Beurre, soutenue par six piliers à nervures avec les statues de saint Guillaume d'Aquitaine et le Sacré-Cœur.

Dans les parties hautes on remarque de beaux vitraux du XVI° siècle. Le grand retable en pierre est divisé en deux, on y voit les statues de plusieurs saints et une jolie piscine avec figurines.

Dans le sanctuaire sont les tombeaux de Claude Groulard, premier président au Parlement, agenouillé devant un prie-dieu, et de Barbe Giffard, sa femme, qui y furent placés en 1864. On y voit encore les pierres tombales d'Etienne de Sens et de Nicole Gibouin, etc.

La *Chapelle Saint-Eustache* dont le retable en bois, avec vases et guirlandes, imite le marbre.

La *Chapelle Saint-Léonard* avec retable en bois, et un tableau de l'Immaculée conception de la Vierge ; les vitraux sont modernes.

La *Chapelle des Saints-Innocents* devant laquelle se trouve la tombe de trois innocents condamnés injustement par le Présidial des Andelys, en 1627.

La *Chapelle de la Chaire de Saint-Pierre* a un retable à colonnes en marbre noir avec chapiteaux corinthiens en marbre blanc qui est très remarquable. Près de l'autel, une piscine du XIII° siècle.

La *Chapelle Sainte-Catherine* dont le retable avec B entrelacés est daté de 1603. C'est un don du chanoine Brice, dont cette chapelle portait précédemment le nom.

La *Chapelle provisoire Saint-Joseph*. — On y voit une inscription en marbre noir, avec attributs en bronze et médaillon de Cavelier de la Salle, le célèbre voyageur, né à Rouen.

La *Chapelle Notre-Dame-de-Lourdes* a d'anciennes peintures sur fond bleu et une belle verrière du XVI° siècle. En face de l'autel on voit la statue de Sainte-Véronique.

La *Chapelle du Petit Saint-Romain* renferme le tombeau de Rollon avec statue en pierre dure et sarcophage en stuc, un vitrail du XVI° siècle et une piscine du XIII° siècle.

Dans le croisillon sud, on remarque un grand vitrail, représentant les Dons du Saint-Esprit.

A droite, se trouve la *Chapelle du Grand Saint-Romain* avec retable en bois doré et deux vitraux de la vie du saint, du XVI° siècle.

La *Chapelle du Saint-Esprit* a une piscine du XII° siècle et des vitraux composés de fragments des XIII° XIV° XV° et XVI° siècles.

Dans les pourtours du chœur, on voit *La Samaritaine*, toile de Th. Tardière, et près de la grille du sanctuaire un tombeau moderne qui renferme le cœur de Richard-Cœur-de-Lion.

La *Chapelle Saint-Barthélemy* est un hémycicle, avec une belle clôture de pierre. Elle donne sur l'*Ancien Trésor*, aujourd'hui grande sacristie du Chapitre et est curieuse par ses voûtes et une porte avec belles ferrures et crapaudines.

La *Chapelle de la Vierge*, qui fut bâtie de 1302 à 1320, a trois travées et une abside et des vitraux des archevêques de Rouen. Le retable est en bois doré. On remarque surtout un tableau de Philippe de Champagne, *la Nativité du Sauveur* (1629).

A droite de la chapelle de la Vierge, on remarque le *tombeau des cardinaux d'Amboise*, c'est un chef-d'œuvre de la plus pure architecture de la Renaissance. Il fut élevé de 1518 à 1525 et mesure huit mètres de haut sur six mètres de large.

Le tombeau placé entre les deux piliers de la travée est adossé à la muraille et comprend un merveilleux soubassement en marbre, avec les deux statues agenouillées des cardinaux. Quelques parties sont en albâtre, d'autres en marbre du Dauphiné.

Deux pilastres latéraux, se présentant d'angle avec un fût agrémenté d'arabesques, flanquent le soubassement. Le dé est divisé par sept petits

LE TOMBEAU DE LOUIS DE BRÉZÉ.

pilastres ornés de figures de moines et de figures fantastiques, qui s'élèvent sur une base en marbre noir. Entre ces pilastres, dans les niches à coquilles, les statues de la Foi, la Charité, la Prudence, la Tempérance, la Force d'âme et la Justice.

Rien de plus admirable que l'ensemble de ce monument avec son dais en voussure, avec caissons à feuillages d'où descendent trois pendentifs à jour.

L'attique qui repose sur une frise offre six grandes niches avec statues accouplées des apôtres. Dans les niches intermédiaires se voient des statuettes de prophètes et de sibylles.

C'est le Chapitre de la Cathédrale qui sur le vœu testamentaire de Georges d'Amboise, mort à Lyon le 25 mai 1510, et transporté à Rouen, fit élever ce monument. Ce travail fut confié à Roulland Le Roux qui toucha pour ses honoraires quatre-vingt mille livres. Dix-huit maçons ou imagiers furent employés a ce travail dont la dépense totale s'éleva à six mille neuf cents cinquante-deux livres tournois seize sous et quatre deniers, soit environ soixante mille francs.

LE CLOÎTRE DE LA CATHÉDRALE

Les corps des cardinaux d'Amboise furent enlevés pendant la Révolution. Au pied de leur mausolée, on a inhumé le corps de l'archevêque Cambacérès, mort en 1818 ; l'archevêque Blanquart de Bailleul, mort en 1858 ; le cardinal de La Rochefoucault et l'archevêque de Bernis, rapportés à Rouen en 1876. Suivant un usage ancien, leurs chapeaux sont suspendus à la voûte.

En face des tombeaux des cardinaux d'Amboise, est placé celui de Louis de Brézé, grand sénéchal de Normandie, mort en 1531, élevé à sa mémoire par Diane de Poitiers, sa femme.

Il fut construit de 1535 à 1544 et se compose de deux étages superposés en albâtre et en marbre noir.

Au bas du monument, sur un sarcophage en marbre noir, on voit la statue d'albâtre du sénéchal, étendu, les jambes et le torse nus. C'est une œuvre admirable, une vraie pièce d'anatomie. Deux colonnes corinthiennes de marbre noir accouplées de deux pilastres, entre lesquelles on aperçoit deux statues, s'élèvent, en avant-corps, à chaque bout du sarcophage. L'une de ces statues représente la vierge et l'enfant Jésus ; l'autre, Diane de Poitiers à genoux, priant, dans son costume de veuve.

Le second étage du tombeau est supporté par quatre statues cariatides d'albâtre.

La prise de l'entablement supérieur est à griffons ailés avec urnes, et une Victoire assise. Aux extrémités de l'amortissement deux chèvres dressées tiennent entre leurs pattes des écussons avec monogrammes.

MONOGRAMME
fragment du tombeau de
Pierre de Brézé.

Ce monument qui excite l'admiration des visiteurs fut terminé en 1544.

A gauche, on remarque le tombeau du cardinal de Croy, mort en 1844 ; ceux de Pierre de Brézé et de Jeanne Crespin, sa femme.

Il faut encore signaler le tombeau de l'évêque de Maurille ; un tableau de Poisson.

Dans la *Chapelle des saints apôtres Pierre et Paul* on voit une inscription en l'honneur de l'impératrice Mathilde, rapportée de l'abbaye du Bec, en 1847.

A visiter le tombeau du cardinal Henri de Bonnechose. Il est en marbre blanc et représente la statue du prélat agenouillé, par Chapu. Sur le cénotaphe on voit la *France chrétienne* en bronze, de Carlus.

Dans le pourtour, est un vitrail du XIIIe siècle de *Saint-Julien-l'Hospitalier* ; une porte communique avec le Palais archiépiscopal.

Dans le croisillon nord, on remarque des piscines du XIIIe siècle, la *Chapelle de Notre-Dame-de-Pitié*, dont le retable est du XVIIe siècle, la *Chapelle du Saint-Sacrement*, dont l'autel

en marbre est encadré de bois, la tombe de Jean de Bayeux, de Denis Gastinel. On remarquera surtout le bel escalier en pierre à balustrade ajourée qui conduit à la Bibliothèque.

Dans le bas-côté gauche, il faut visiter la *Chapelle Saint-Anne*, le tombeau de Guillaume Longue-Epée, fils de Rollon.

La *Chapelle Saint-Nicolas* a une grille décorée d'ancres. C'est dans cette chapelle que se tenait la Confrérie des Mariniers.

La *Chapelle du Passage des Chanoines* communique avec le Cloître. On y voit de belles peintures.

Dans la *Chapelle Saint-Eloi* se trouvent des fragments d'épitaphe d'un curé de Saint-Herbland.

A voir dans la *Chapelle Saint-Julien* un tableau du cruciflement qu'on attribue à Michel-Ange.

La *Chapelle Saint-Sever* a un retable du xviiie siècle et un vitrail représentant Saint-Sever et des scènes de la Passion.

La *Chapelle Saint-Jean* a une toile la *Descente de Croix* du peintre rouennais Jouvenet.

Dans la *Chapelle Sainte-Agathe* se trouve une piscine du xiiie siècle; le retable a un petit baldaquin.

Les statues de Saint-Nicaise et de Saint-Mellon, se trouvent dans la *Chapelle Saint-Herbland*.

Le chœur de la Cathédrale a été beaucoup remanié de 1728 à 1772. Il ne renferme plus de tombeaux; deux petits autels en marbre blanc et cuivre placés à droite et à gauche de l'entrée, contre les piliers, sont du xviiie siècle.

Les stalles, qui étaient au nombre de quatre-vingts-huit, furent exécutées de 1457 à 1469 sous les ordres de Guillaume d'Estoutteville, par des artistes picards et flamands. Presque toutes sont dépourvues de leurs dossiers, il ne reste que des miséricordes des corporations et des animaux imaginaires.

Le Maître-Autel, de style ogival et en pierre d'Echaillon, est porté sur des colonnes d'onyx. Le retable est décoré de deux bas-reliefs de Gautier. Une pyramide centrale de neuf mètres de hauteur avec les statues des quatre évangélistes, s'élève au-dessus du tabernacle.

La chaire ogivale en bois, se trouve dans la nef; elle est moderne.

Le premier orgue date de 1386, il fut refait au xvie, au xviie et au xviiie siècles.

LA GRANDE NEF DE LA CATHÉDRALE

L'Hôtel du Bourgtheroulde

La place de la Pucelle. — La statue de Jeanne-Darc. — L'Hôtel du Bourgtheroulde. — L'Ancienne église Saint-Georges. — Le Temple. — L'Ancien
Hôtel des Monnaies.

La place de la Pucelle-d'Orléans, qui portait autrefois le nom de *Marché-aux-Veaux*
à cause de la vente des veaux qu'on y faisait dès le xiiie siècle, était limitée par les rues Saint-
Georges, Herbière, du Panneret ; elle faisait partie du *Vieux-Marché* dont elle fut détachée
au xvie siècle, quand furent construites les maisons qui séparent actuellement les halles de
l'église Saint-Eloi.

En 1794, on donna à cette place, le nom de *place de la Régénération*, et en 1795 celui
de la *Pucelle-d'Orléans.*

L'hôtel du Bourgtheroulde se dresse sur le côté occidental de cette place où on éleva au
xvie siècle deux fontaines expiatoires en l'honneur de Jeanne Darc, que l'on croyait avoir
été brûlée en cet endroit, le 30 mai 1431, tandis que le lieu exact où le bûcher fut élevé se
trouve un peu plus à l'ouest, derrière une église Saint-Sauveur, détruite depuis longtemps,
là où, approximativement, se trouve la scène du Théâtre-Français.

L'une de ces fontaines, de forme triangulaire, portait la statue de Jeanne, et était surmontée par une sorte de lanterne entourée de petites colonnes.

L'autre, élevée vers 1525, formait un édicule à trois étages et à pinacles, sur lequel
s'élevait la statue de l'héroïne, entourée des femmes de l'Ecriture sainte.

On peut en voir le dessin à la Bibliothèque publique.

.·.

En 1755, la fontaine actuelle remplaça cet édicule qui avait été détruit au xviiie siècle.

Elle est en pierre sur plan triangulaire cintré, flanquée de dauphins et garnie d'é-
cussons aux armes de Jeanne, de Rouen et de la Normandie, avec des inscriptions en latin
dues à l'abbé Saas. Ces inscriptions furent mutilées en 1792, et on ne doit la conservation de
ce monument qu'à la présence d'esprit de M. Defontenay, alors maire de Rouen, qui repré-

senta au peuple que la statue de Jeanne-Darc, devait être conservée parce que cette héroïne était du Tiers-Etat.

La fontaine, construite sur les plans de l'architecte Alexis Dubois, supporte une statue de Jeanne Darc, en costume de Bellone, la main appuyée sur le pommeau de son épée, œuvre de Slodtz. Elle a été complétement restaurée en 1861 et les inscriptions rétablies sur les trois faces.

⁎

Sur la place de la Pucelle, à l'angle de la rue Panneret, s'élève un monument qui a excité l'admiration des archéologues, vrai bijou de l'architecture de la Renaissance, c'est l'hôtel du Bourgtheroulde.

Commencé en 1486, par Guillaume Le Roux, seigneur de Bourgtheroulde, il fut achevé par son fils du même nom, abbé d'Aumale et du Val-Richer, diplomate, conseiller au Parlement de Normandie, qui en fit une demeure de prince, dans laquelle séjournèrent des rois, des légats, des ambassadeurs.

L'extérieur, donnant sur la place, présente un rez-de-chaussée avec un étage, dont les sculptures sont à peu près détruites : on y voyait à l'angle méridional une tourelle à encorbellement d'une forme gracieuse, qui s'est écroulée vers 1830.

L'entrée est décorée par des montants chargés d'arabesques où l'on voit deux médaillons en forme

ANCIENNE FONTAINE, PLACE DE LA PUCELLE.

de couronnes, contenant les portraits de François Ier et d'Henri VIII, roi d'Angleterre.

Dans la cour, à droite, on a construit au xviiie siècle un bâtiment pour remplacer l'ancien qui avait été détruit par un incendie.

Le principal corps d'habitation a une façade de l'époque de transition, décorée de riches bas-reliefs, l'un à gauche, sous une petite fenêtre, représente un triomphe, un autre offre une salamandre au milieu des flammes, devise de François Ier, un autre montre un phénix couronné, devise d'Eléonore d'Autriche, seconde femme du roi, le quatrième a été détruit. A l'étage supérieur, les bas-reliefs présentent des scènes analogues.

Les fenêtres des combles sont en ogive et couronnées de frontons pyramidaux avec ornementation gothique ; un écu supporté par des chevaux se voit sur le tympan de l'une de ces fenêtres.

A gauche de cette façade, une très belle tourelle « aux flancs de laquelle, dit M. de Fourcaud, se remarque une suite d'épisodes du genre pastoral, mêlés de paysages et traités

LA FONTAINE JEANNE-DARC.

en faible relief. Rien de si rare que ces pastorales. C'est d'abord l'Eté : des faneurs, des faucheurs, des baigneurs dans une rivière, un nageur qui pique une tête, un homme buvant à même sa gourde.

« Les personnages s'échelonnent sur plusieurs plans. Au fond, meublant l'espace des deux côtés d'une fenêtre, des arbres, des édifices gothiques, des châteaux à donjon. Du haut du ciel, un faucon s'abat sur un héron ; un autre emporte un perdreau entre ses serres, et des oiseaux s'envolent par-delà les nuages. On devine les ressources de ce parti-pris pour garnir des panneaux en hauteur. Toutes les compositions s'ordonnent systématiquement de même. Elles ont l'aspect de grands dessins champlevés. »

« Viennent, en second lieu, des scènes galantes : un berger agenouillé devant sa pastourelle, semble vouloir lui ravir sa jarretière ; elle lui donne un soufflet. Un amoureux, plus loin, fait une déclaration à sa mie. Au loin, chemine un cavalier. »

« Voici, ensuite, un jeu rustique ; la *Main chaude*. Puis voilà le *Repas champêtre*, la *Tonte des moutons* et la *Pêche*. La *Tonte des moutons* est d'une invention très subtile, qui nous fait sourire un peu. On y relève, comme groupe principal, une bergère, cisaillant la laine d'un de ces agneaux, tandis que son pastoureau la lutine. Un chien tout proche bondit aux côtés de son maître ; un loup, au second plan, dérobe une brebis ; un berger lance contre le ravisseur des chiens de garde. A mentionner une énigmatique particularité, encore à la partie supérieure du panneau de la Pêche. A gauche, un aigle y enlève un poisson ; à droite, c'est un griffon enlevant un chevalier tout armé, arraché de sa selle. A quelle tradition se réfère cette fantaisie ? Nous l'ignorons. »

UNE FENÊTRE
DE L'HÔTEL DU BOURGTHEROULDE.

« Si l'on veut une imagerie de pierre plus mouvementée, d'une révélation plus vive et plus mordante, on n'a qu'à lever les yeux sur le bâtiment voisin de la tourelle formant l'aile gauche de l'hôtel, ou, plus exactement, l'un des côtés de la cour. C'est une galerie ouverte à six baies arrondies, s'ouvrant assez haut au-dessus d'un mur plein et séparées par des pilastres. Le long de la base, six panneaux de quatre-vingt centimètres de haut sur deux mètres de long, déroulent le spectacle de « l'Entrevue du Camp du Drap d'Or ». Pareillement, la frise de l'entablement comprend six panneaux dont les inventions ont longtemps déconcerté les érudits. »

« Entre la ville d'Ardres et la ville de Guines, non loin de Boulogne, eut lieu, comme on sait, l'an 1520, la fameuse assemblée dite *Camp du Drap d'Or*, qui a rempli les chroniques de son éblouissement. François Ier de France et Henri VIII d'Angleterre ont quitté, à la même heure, l'un le château d'Ardres, l'autre le fort de Guines, et c'est là le bas-relief. Au centre, les deux rois se rencontrent et se saluent. Chacun d'eux a près de lui son écuyer, à la toque empanachée, rejetée sur les épaules. La housse du cheval de France est brodée de lis ; celle du destrier d'Angleterre semée de léopards et de roses alternées. A leur frontail de grandes plumes tremblent. Et, derrière les souverains, s'avance la double escorte en ordre resplendissant. »

HÔTEL DU BOURGTHEROULDE.

« A droite, se reconnaissent les Français, dit M. Morel, l'archevêque portant la croix double, le légat du pape, à cheval, entre deux gentishommes pourvus du collier de Saint-Michel, des cardinaux, des massiers... Le surplus est dans un état déplorable. A gauche, défile la suite anglaise : un évêque, le légat pontifical chevauchant entre ducs, des fantassins aux panaches arrondis comme des éventails, des cavaliers aux chevaux empiumés. Aux deux extrémités de la composition, les silhouettes des deux villes d'où l'on est parti ; des spectateurs en foule sur les remparts... Très rigoureusement, les deux défilés se répandent. L'événement historique se trouve largement résumé, présenté avec beaucoup d'art. Ce grand ensemble, malgré ses usures et ses parties manquantes, mérite sa renommée. »

Toute cette façade est de pur style Renaissance.

La noble maison est occupée aujourd'hui par les bureaux du Comptoir d'escompte ; et chaque année de nombreux touristes viennent visiter cette merveille architecturale, du style de transition de la Renaissance, le plus caractérisé.

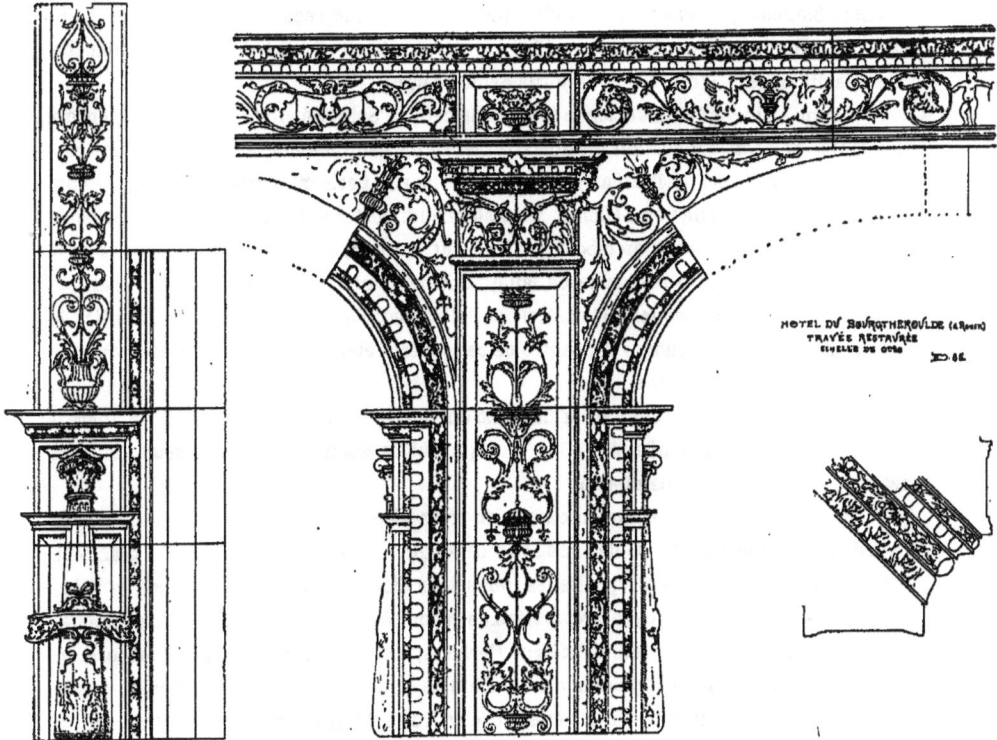

HOTEL DU BOURGTHEROULDE (A Rouen)
TRAVÉE RESTAURÉE
ECHELLE DE 0.05

TRAVÉE RESTAURÉE DE L'HÔTEL DU BOURGTHEROULDE.

C'est sur la place de la Pucelle que se tient, les mardi, vendredi et dimanche, le marché des fruits de table.

On remarque, au coin de la place de la Pucelle, sur la façade d'une maison qui a porté le nom de Château-Friant, un balcon en fer, qui renferme dans son centre les armoiries du métier de serrurerie, avec cette inscription : « Le Friand, serrurier, a construit ce bâtiment en 1745. »

Cette maison, avec grandes consoles, se trouvait jadis dans la rue Saint-Georges, aujourd'hui disparue.

La rue Saint-Georges avait pris son nom d'un ancien hôtel de l'abbé de Saint-Georges-de-Boscherville, qui y était situé. On la trouve désignée en 1784 sous le nom de rue de la Femme-Blanche, provenant sans doute d'une enseigne ; elle reçut en 1794 celui de Petite rue de la Régénération, et reprit en 1795 son nom antérieur de rue de la Femme-Blanche. On rétablit en 1817 l'inscription de la rue Saint-Georges.

Dans cette rue était l'ancienne église collégiale du Saint-Sépulcre, dont on voit encore les murs, et dont la fondation est due à la piété d'un gentilhomme Anglais qui, étant malade, avait fait le vœu de l'édifier s'il revenait à la vie. Farin rapporte, à ce sujet, qu'un prêtre de la paroisse de Saint-Michel, qui était allé lui porter le saint viatique, s'étant laissé choir, une hostie s'échappa du ciboire qu'il portait et tomba à la place où la chapelle a été bâtie. Il ne resta d'autre vestige de ce fait qu'une petite pierre carrée placée dans l'ancien sépulcre et autour de laquelle était écrit en lettres gothiques du xiie siècle « Ici adira le prestre le cor de N.-Seignor. » Au centre de cette pierre était un gros point qui marquait la place où était tombée l'hostie.

L'époque de la fondation de la chapelle du Saint-Sépulcre est restée ignorée, mais il est constant qu'elle existait avant 1354, puisque, alors étant tombée en vétusté, elle fut réédifiée comme elle est maintenant.

On a donné vers le commencement du xviie siècle à l'église du Saint-Sépulcre, le nom de saint Georges, à cause de l'image de ce saint, représenté à cheval et de grandeur naturelle, que les arbalétriers, appelés les frères de la Cinquantaine, y avaient placé en 1444.

Cette église fut, au moyen âge, le siège de la Confrérie de Saint-Eloi, patron des monnayeurs de Rouen qui avaient leur hôtel rue Herbière, en un lieu qu'on appelait encore au xve siècle rue de la Monnaie, puis cour de la Monnaie en 1731, Nicolas du Val-Richer, prevôt des monnayeurs, fut inhumé dans cette église en 1462. L'église du Saint-Sépulcre, ou de Saint-Georges, a été supprimée en 1791, puis vendue. C'est actuellement un magasin de voitures de louage.

* *

Près de l'Hôtel du Bourgtheroulde, sur la place Saint-Eloi, se trouve le Temple, pour le culte protestant. C'est l'ancienne église catholique Saint-Eloi.

Cette église offre un mélange de styles gothique et renaissance, elle est à trois nefs, avec contre-forts et arc-boutants sculptés du xvie siècle, ainsi que la tour surmontée d'un toit en ardoises ; sur le côté sud, on remarque une petite porte très joliment gravée.

L'autel est en marbre et date du xviiie siècle ; cette église possède un très joli jeu d'orgues.

Dans le chœur se trouvait autrefois un puits profond, auquel on prenait de l'eau avec une chaîne en fer, d'où vient le proverbe : *Froid comme la corde du puits de Saint-Eloi.*

En face la rue Saint-Eloi, on voit un petit tombeau formant une niche carrée (xvie siècle), soutenu par deux colonnes. Le gisant a disparu. On y lit l'inscription suivante :

Ici gît un corps sans âme. Priez Dieu qu'il en ait l'âme.

.·.

Dans la rue Saint Eloi, on voit des maisons à sculptures d'un aspect très curieux, une cour intérieure du xviiie siècle, et plusieurs maisons du xvie siècle. Au n° 30, se trouve l'ancien Hôtel des Monnaies qui est du xive siècle. Il est très intéressant au point de vue historique et architectural, en dépit des ravages que lui ont causé le temps et le vandalisme des ignorants.

C'est une construction en pierre, dans le style de Philibert Delorme. On y voit l'écu royal de France, sculpté, entouré du collier de Saint-Michel et de deux FF couronnées.

La juridiction et la fabrication de la monnaie furent installées en cet hôtel, depuis le xve siècle jusqu'en 1848. Supprimée à cette époque, la monnaie fut rétablie jusqu'en 1852, et six années plus tard, l'hôtel fut mis en vente. Il sert aujourd'hui de caserne pour les douanes.

6

L'Eglise Saint-Ouen

L'Hôtel-de-Ville. — La place de l'Hôtel-de-Ville. — La statue de Napoléon Ier. L'Eglise Saint-Ouen. — Le Jardin de l'Hôtel-de-Ville. — Le Méridien de Saint-Ouen.

L'Hôtel-de-Ville qui, au Moyen-Age, se trouvait dans la rue de la Grosse-Horloge, fut transféré, en 1800, sur la place qui porte son nom ; il a été agrandi, du côté nord, par la destruction, en 1816, d'un grand édifice du xvie siècle, qu'on appela d'abord l'Abbatiale et, plus tard, le Luxembourg, anciens dortoirs et réfectoires de l'Abbaye de Saint-Ouen.

L'HÔTEL-DE-VILLE.

La façade ne date que de la Restauration ; le péristyle corinthien, orné de colonnes et d'un fronton avec sculptures allégoriques est de Dantan.

A l'intérieur, on remarque : la vaste salle des cérémonies, ornée des portraits des personnages célèbres de Rouen ; les statues de Pierre Corneille, par Cortot, et de Jeanne d'Arc sur le bûcher, par Jean Feuchère.

La nouvelle salle du Conseil municipal, dans une construction annexe, édifiée en 1895-1896, possède une cheminée monumentale avec statue de la République, de Guilloux, et des peintures décoratives de Paul Baudouin : *Saint Victrice fondant la Cathédrale ; Rouen au XVI*ᵉ *siècle ; le siège de Rouen ; le départ des volontaires*. On remarquera dans plusieurs de ces toiles les portraits de quelques personnalités de Rouen, entre autres dans le panneau représentant les seigneurs des environs de Rouen venant faire amende honorable à la municipalité de Rouen, on reconnnait M. Laurent, maire d'alors, qui représente le bourgmestre, et M. Briois, adjoint, l'un des échevins ; dans le panneau qui montre Rouen au xviiᵉ siècle on aperçoit la figure de M. Trintzius, architecte de la salle.

Le rez-de-chaussée de cette annexe est occupé par le poste central de Sapeurs-Pompiers et les magasins des pompes à incendie.

C'est en 1686 qu'on organisa à Rouen les premiers secours contre l'incendie, et c'est de 1719 que date la première introduction des pompes. En 1800, fut organisée la Compagnie des Sapeurs-Pompiers qui subsiste encore actuellement.

On accède au premier étage par un élégant escalier en pierre, à double révolution, avec rampe en fer forgé, dont le premier palier possède une statue, en marbre, de Louis XV dans sa jeunesse, par Lemoine, et, en haut, les bustes des deux Corneille ; on y voit aussi un mètre-étalon en cuivre et des tableaux en marbre noir portant les noms des bienfaiteurs de la Ville.

On monte également à cet étage, du côté de l'église Saint-Ouen, par un autre escalier grand et élégant, dont les deux voûtes en cul-de-four sont des chefs-d'œuvre de coupe, à rampe en fer forgé, et au pied duquel se voyait, il y a quelques années, une belle statue funéraire de Géricault, couchée sur un sarcophage orné d'un bas-relief en bronze où figure le *Radeau de la Méduse*, qui illustra le peintre rouennais. Cette statue a été transportée au musée.

Les bureaux de l'Administration municipale occupent le premier étage de tout l'édifice.

Le musée de peinture et la bibliothèque occupaient le deuxième étage avant leur installation rue Thiers.

La *prison municipale* ou *violon* se trouve dans un bâtiment construit au nord de la place.

Sur la place de l'Hôtel-de-Ville, s'élève la statue de Napoléon 1er qui a été érigée en 1865 et inaugurée le 15 août.

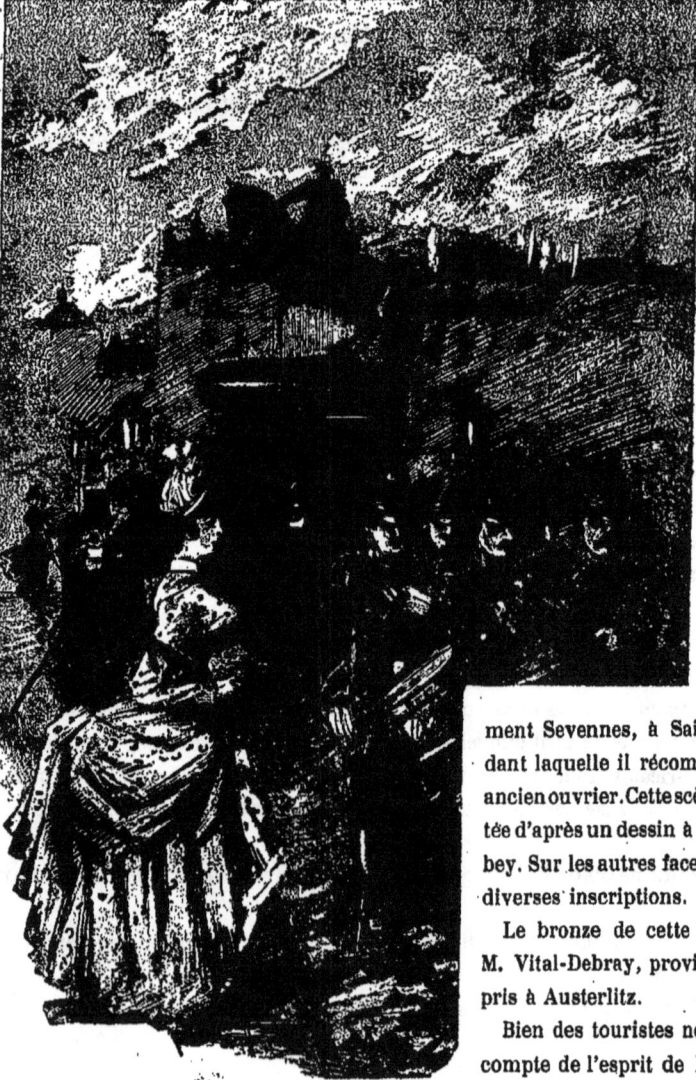

Elle a cinq mètres quinze de hauteur. L'empereur, représenté sur son cheval, tient son chapeau de la main droite et salue; sur le piédestal en granit sont encastrées des plaques portant un bas-relief en bronze rappelant la visite de Bonaparte à l'établissement Sevennes, à Saint-Sever, pendant laquelle il récompensa le plus ancien ouvrier. Cette scène a été exécutée d'après un dessin à la sépia d'Isabey. Sur les autres faces sont gravées diverses inscriptions.

Le bronze de cette statue, due à M. Vital-Debray, provient de canons pris à Austerlitz.

Bien des touristes ne tiennent pas compte de l'esprit de l'artiste, qui a sacrifié les détails au sujet principal,

LA RETRAITE SUR LA PLACE DE L'HÔTEL-DE-VILLE EN 1886.

et se croient très artistes eux-mêmes parce qu'ils constatent que le chapeau que l'empereur tient à la main est trop petit pour le coiffer.

Quoiqu'il en soit, Napoléon est resté populaire et c'est aux pieds de sa statue que se réunissaient les gamins pour attendre le départ de la retraite militaire qui jadis parcourait les principales rues, le soir.

La place de l'Hôtel-de-Ville avait été nivelée et plantée en 1818. Elle est bordée d'un côté par l'Hôtel-de-Ville et par l'église Saint-Ouen. On y remarque des hôtels du xviiiᵉ siècle et les vestiges d'un mur de l'abbaye de Saint-Ouen.

.

L'église Saint-Ouen, place de l'Hôtel-de-Ville, est l'église d'une ancienne abbaye d'origine romaine.

Elle mesure 137 mètres de long et 33 mètres de hauteur sous voûte.

Elle a les dimensions des plus belles cathédrales et a plus d'étendue que Notre-Dame de Rouen. C'est un des édifices de la plus riche architecture, on dirait d'une immense pièce de fine dentelle.

La nef du xvᵉ siècle et le chœur du xivᵉ siècle furent construits par un architecte dont le nom est resté ignoré; il acheva le chœur, les chapelles absidales, les piliers et une grande partie du transept en vingt et un ans. Les travaux, au siècle suivant, furent dirigés par Alexandre du Berneval.

L'ÉGLISE SAINT-OUEN, A VOL D'OISEAU.

Vers 1464, on bâtit deux travées de la nef; ce n'est qu'au commencement du xviᵉ siècle qu'on continua le reste

Le portail actuel fut édifié de 1846 à 1851, par l'architecte Grégoire.

La façade mesure trente-huit mètres de développement et sa base est percée de trois portes.

La voussure de la porte centrale est à cinq cordons de statuettes et de dais sculptés avec une infinie délicatesse. Au-dessus de cette porte est une galerie vitrée et une superbe rose d'une exquise richesse d'ornementation. Les voussures des deux autres portes ne sont qu'à deux cordons avec, sur leurs côtés, les statues de Dagobert, saint Eloi, saint Philibert et sainte Austreberthe à gauche, celles de saint Nicaise, saint Romain, saint Benoît et saint Ouen à droite.

Ces deux portes ne possèdent pas de tympan mais elles ont toutes une rosace à jour, qui permet à la lumière de pénétrer dans les vestibules, et sont surmontées de gracieux frontons découpés à jour.

La grande tour qui s'élève au centre du transept et qui a quatre-vingt-deux mètres de hauteur, est remarquable tout à la fois, par sa force et sa légèreté. Quatre tourelles qui se rattachent aux angles de la tour, surmontent sa partie supérieure qui est de forme octogonale.

Dans l'intérieur, la nef a quatre-vingts mètres de long et renferme une chaire en bois placée en 1861 et dessinée dans le style du XIVe siècle.

Le chœur, qui a trente-cinq mètres de long, était autrefois séparé de la nef par un beau jubé du XVe siècle, qui fut mutilé en 1562 par les Calvinistes, réparé en 1655 et détruit en 1690. On en a conservé le dessin.

En entrant par le portail occidental, on remarquera un grand bénitier en marbre, où, par un heureux effet d'optique, l'église se reflète dans toute son étendue et renversée.

En plus des trois roses des portails, une lumière mystérieuse pénètre par cent vingt-cinq verrières.

La pierre a un aspect gris et sale qu'on attribue à la fumée des forges qui furent installées à l'intérieur de l'église, lorsqu'en 1793 elle fut convertie en manufacture d'armes.

Un reliquaire placé derrière le maître-autel contient les restes de saint Ouen.

Saint-Ouen possédait autrefois une horloge où, au moment où l'heure allait sonner, on voyait paraître un saint Michel en bronze, qui frappait sur l'angle rebelle et disparaissait ensuite. Elle fut pillée en 1562 et en 1793.

.**.

Le jardin de l'Hôtel-de-Ville est l'ancien jardin de l'Abbaye ; il fut dessiné par Bouet et ouvert le 15 mai 1806, dans la partie attenante à la place Saint-Ouen. Du côté sud se trouvait le cimetière Saint-Ouen, où, le 24 mai 1431, eut lieu l'abjuration de Jeanne d'Arc devant ses juges et la population, ainsi que l'indique une inscription moderne, sur marbre noir, sur un des piliers de la porte d'entrée. Une autre inscription indiquant l'emplacement de ce cimetière fut trouvée lors des fouilles faites en 1846.

Ce jardin très fréquenté, qui a été remanié en 1872, est parfaitement installé. Il possède un kiosque pour la musique, qui s'y fait entendre plusieurs fois chaque semaine ; un bassin rond, dans lequel s'ébattent des poissons, et plusieurs statues : *Rollon*, statue en pierre, d'un médiocre intérêt artistique, par Arsène Letellier, sculpteur rouennais. Le premier duc de Normandie, debout sur un piédestal, étend avec autorité la main

LA STATUE DE ROLLON.

droite et prononce le fameux « nous en resterons maîtres et seigneurs » ; d'autres statues en bronze vert représentant le *Centaure enlevant une femme*, par Schœnewerke, le *Moissonneur*, par Perrey, et le *Jeune homme bandant son arc.*

Dans la partie nord du jardin, on admirera le méridien, orné d'un médaillon à l'effigie de Louis XV, surmonté d'une figure du *Temps*. Ce groupe rappelle le voyage entrepris par les académiciens pour déterminer la forme de la terre. Il est dû à P. Stodlz, et provient de l'ancienne promenade de la Bourse, sur le quai.

Le jardin de l'Hôtel-de-Ville a plusieurs entrées, l'une par l'Hôtel-de-Ville, les autres par la place près de l'église Saint-Ouen, par la rue des Faulx et par la rue de l'Epée.

LE MÉRIDIEN DE SAINT-OUEN.

La rue des Faulx conserve encore plusieurs maisons des xvie et xviie siècles qui, avec leurs silhouettes découpées, offrent à l'œil, principalement le soir au clair de lune, comme une vision de cette époque mystérieuse du Moyen-Age.

Sur la façade de la maison qui fait le coin de la rue Saint-Vivien et de la rue de l'Epée, qui longe le jardin de l'Hôtel-de-Ville, on remarquera la reproduction de la scène du *Camp du drap d'or*, qui fait l'admiration des visiteurs à l'Hôtel du Bourgtheroulde.

La Grosse-Horloge

La rue de la Grosse-Horloge. — La tour du Beffroi. — La cache-Ribaude. — La cloche d'Argent. — La Grosse-Horloge. — La fontaine de la Grosse-Horloge. — L'Ancien Hôtel-de-Ville. — Le Buste de Thouret. — Le Passage d'Etancourt.

La rue de la Grosse-Horloge, si caractéristique avec sa perspective de vieilles maisons, venant se terminer à la Tour Saint-Romain de la Cathédrale, est comprise entre la place de la Cathédrale et la place du Vieux-Marché.

Au Moyen-Age, elle s'appelait rue de la Courvoiserie; on l'a nomma aussi rue Wanterie, surtout dans la partie comprise entre la rue Massacre et le Vieux-Marché. Elle tient son nom de la tour et du beffroi de la Grosse-Horloge qui la surmontent. C'est l'artère la plus vivante, la plus animée, la plus commerçante de la vieille cité.

Sur l'emplacement du passage Saint-Herbland, qui fait le coin de la rue de la Grosse-Horloge et de la rue des Carmes, se trouvait une église paroissiale, avec toiture et flèche en plomb de style gothique, qui fut supprimée en 1791 et se trouva entièrement démolie en 1824.

Cette église, à l'abside élégante surmontée d'une statue de la Vierge, qui existait depuis fort longtemps, avait déjà été reconstruite en 1483.

SAINT-HERBLAND.   LA RUE DU GROS-HORLOGE AU XVIᵉ SIÈCLE.

On désigne sous le nom de *la Grosse-Horloge* ou *le Gros-Horloge*, d'après l'usage

normand, l'ensemble de deux constructions différentes reliées entre elles : la *tour du beffroi* et l'*arcade de la Grosse-Horloge*, qui est surmontée d'un bâtiment en plâtre à deux étages.

Ainsi que l'indique une petite plaque de cuivre qui se trouve au-dessus de la porte d'entrée de la tourelle, style Renaissance, la tour du beffroi fut commencée en 1389 sur les fondements du beffroi démoli qui, vraisemblablement, avait dû exister depuis le commencement de la Commune de Rouen, sur l'emplacement où s'élevait la porte Massacre. Elle fut achevée en 1398, et ce fut Jehan de Bayeux qui en dirigea les travaux.

C'était une tour carrée, en pierre, avec contreforts et percée de grandes fenêtres en ogive du style flamboyant. Elle se terminait par une plate-forme avec une claire-voie en pierre, que surmontait une pyramide couverte en plomb et formant pavillon.

En 1398, on remonta dans le beffroi les deux cloches : la *Cache-Ribaud* et la *Rouvel*.

Le pavillon supérieur fut démoli en 1711, lors de la réparation à la tour qui menaçait ruines ; il fut remplacé par un dôme en plomb avec campanile ajouré et girouette.

La *Cache-Ribaud*, ainsi nommée parce qu'elle faisait fuir les ribauds et maltôtiers, fut fondue par Jehan d'Amiens. Elle se trouve aujourd'hui dans l'étage supérieur de la tour et est entourée de quatre tinterelles, fondues en 1713 par Buret.

Au-dessus se trouve la *Rouvel*, également fondue par Jehan d'Amiens. En dépit des analyses qui ont établi qu'elle ne se composait d'aucune partie d'argent, on s'obstine à l'appeler la *Cloche d'argent*, parce que la tradition rapporte que lors de sa fonte on aurait jeté des pièces d'argent dans le métal. Une autre version dit qu'elle est ainsi appelée parce qu'elle fut payée de l'argent levé sur les habitants.

Quoiqu'il en soit, d'après un usage édicté par Guillaume-le-Conquérant, elle sonne le couvre-feu tous les soirs, à neuf heures. Elle donne l'alarme pour les incendies, et indique les élections et autres manifestations publiques.

Sa voix au son argentin et étrange, si familière aux Rouennais, ne s'est tue que pendant l'occupation anglaise et durant l'invasion allemande. Elle fut sonnée en 1174, pendant le siège de Rouen, par Louis-le-Jeune, Henri Cour-Montel et le comte de Flandre. En 1382, elle donna le signal de la sanglante révolte de la Harelle.

L'escalier de la tour, qui se trouve à côté de la boutique d'objets anciens, a deux cents marches.

. ·.

La vieille horloge est placée tout au haut de la tour, et les historiens qui ont eu à parler du Gros-Horloge de Rouen n'ont jamais pu découvrir la date exacte à laquelle furent commencés les travaux de construction de ce chef-d'œuvre d'horlogerie : tout ce que les mémoires du temps nous rapportent c'est que sa construction fut achevée vers 1389.

Avant cette époque, les bourgeois de Rouen ayant décidé la construction d'une horloge à élever au lieu où se trouvait précédemment le beffroi de la ville, s'adressèrent à un habile mécanicien, du nom de Jourdain de Lectre, qui se déclara incompétent, et c'est alors que cette entreprise fut confiée à Jehan de Felains.

L'œuvre de Jehan de Felains est d'une harmonie parfaite, d'une précision très remarquable ; les dentiers des engrenages sont intacts et semblent devoir ne jamais s'user.

Le *Gros-Horloge*, la plus ancienne du monde, construite dans le temps le plus agité de notre histoire, est la première qui ait sonné les quarts, sonnerie dont Jehan de Felains serait, paraît-il, l'inventeur.

Ce serait donc à Rouen que l'on aurait entendu pour la première fois le joyeux carillon des quarts.

Ce qui augmente encore la valeur artistique de cette horloge, c'est que son mécanisme merveilleux n'est pas une imitation, mais bien la création personnelle d'un artiste, la conception d'une inspiration géniale, et sa marche toujours régulière depuis plus de cinq cents ans, en atteste hautement la perfection.

Pendant cette déjà très longue existence, les réparations qui ont été faites sont de très peu d'importance, et la seule qu'il soit intéressant de signaler c'est, en 1712, l'application du pendule de Huggens par Michel Vendôme.

LA FONTAINE DE LA GROSSE-HORLOGE.

Les recherches les plus minutieuses dans les archives de la ville n'ont pu faire découvrir pour quelle somme Jehan de Felains entreprit la construction de ce remarquable travail, tout ce que l'on put savoir, c'est qu'il apporta tant de soins dans l'exécution de son horloge que la somme qui lui avait été allouée fut de beaucoup dépassée et que ses ressources personnelles y furent englouties ; ce n'est qu'à force de privations qu'il parvint à la terminer, et que nous pouvons admirer aujourd'hui, cinq siècles après, ce magnifique témoignage des grands travailleurs d'autrefois.

Les administrateurs de la ville décernèrent à Jehan de Felains les plus grands éloges et lui témoignèrent leur entière satisfaction en lui faisant allouer la somme importante, pour l'époque, de soixante-dix livres, par délibération du 30 septembre 1389, ainsi conçue : « Appointé et ordonné que Jehan de Felains aurait pour la perfection qu'il a faite de l'auloge de ladicte ville 70 livres. »

Il en fut nommé la premier conservateur, poste qu'il conserva jusqu'en 1408, année où il mourût.

Le Gros-Horloge fut primitivement appelé « Horloge du Beffroy ».

La découverte des détails la concernant est due à M. Richard, archiviste de la mairie de Rouen, de 1830 à 1848, et dont les notes manuscrites à ce sujet sont déposées à la bibliothèque de la ville.

A l'aide des documents recueillis par M. Richard, une notice fut publiée en 1864 par M. Ernest de la Quevrière.

Cette notice fut très défavorable au bon état de conservation du Gros-Horloge, aussi les horlogers-mécaniciens s'empressèrent-ils de s'en emparer et firent des démarches très pressantes auprès de l'Administration, afin de pourvoir à son remplacement immédiat ; une Commission spéciale, composée d'horlogers de Paris et de Rouen, d'ingénieurs, d'architectes et de savants, se réunit le 19 janvier 1889, dans la chambre même de l'horloge, et le rapport concluant à l'unanimité sur l'excellente marche du Gros-Horloge, vint déjouer les manœuvres intéressées de quelques intrigants, qui n'auraient pas reculé devant la destruction de ce chef-d'œuvre du passé, unique en son genre.

En 1886, la Municipalité confia le soin de vérifier les réparations, qu'il pouvait y avoir à faire, à M. R.-L. Hainaut, horloger émérite, connaissant son art à fond et sachant surtout apprécier les difficultés des œuvres pareilles à celle qu'il allait examiner.

PETITE PLACE (RUE DU GROS-HORLOGE) AU XVIᵉ SIÈCLE.

Le rapport de M. Hainaut, tout en signalant « les rares qualités du principal mouvement, son mérite historique, sa marche ininterrompue pendant cinq siècles et sa conservation surprenante, faisait espérer qu'elle durerait encore un temps qu'on pourrait dire infini. »

⁎
⁎ ⁎

La tour de Beffoi est reliée à l'ancien Hôtel-de-Ville par une arcade en pierre, dont les faces latérales portent les cadrans de l'horloge, décorés d'or fin et d'azur. Le cercle du cadran est formé de nuages où apparaissent les signes du zodiaque, représentés par des triomphes. Il est entouré de frises et de pilastres avec arabesques.

L'arcade, en anse de panier, est munie d'une archivolte extérieure ornée d'armures, de casques, de hallebardes, de carquois et d'une série de têtes d'anges ailés, avec mille arabesques.

Sous la voûte, des sculptures en haut-relief représentent, en ronde-bosse, le *Bon Pasteur gardant ses moutons*, ainsi que l'indique cette inscription : *Pastor bonus, animam suam ponit pro ovibus suis*, ce qui n'a pas empêché le vulgaire d'y voir l'allégorie du berger Rouen.

Au haut du toit, en forme de hache, récemment établi, qui recouvre le bâtiment, on voit une crête en plomb avec trois épis portant le soleil, la lune et les armes de Rouen.

LA GROSSE-HORLOGE

Vue de la rue du Tambour.

Tout ce groupe de constructions a été restauré de nos jours par l'architecte Sauvageot.

La tour du Gros-Horloge est d'un aspect très séduisant, surtout vers la rue Jeanne-Darc, où est sa façade principale.

.*.

Près de là, adossée à l'ancienne tour du Beffroi et à une jolie maison de la Renaissance, on voit la fontaine de la Grosse-Horloge. Elle représente, sur un socle élevé et sous une large arcade en forme de niche, le groupe d'Alphée et d'Aréthuse, avec divers accessoires symboliques qui étaient autrefois dorés. C'est une composition théâtrale dans le goût du siècle dernier.

Décorée de pilastres que surmontent des groupes d'enfants, elle fut élevée en 1732, sur les plans de l'architecte Jean Defrance, par les soins de François de Montmorency, duc de Luxembourg, dont elle porte les armes, et fut dédiée à Louis XIV par la ville de Rouen, comme un monument impérissable de sa soumission, ainsi que l'indique une longue inscription sur une plaque incrustée dans le socle.

Le soubassement est composé de rocailles et de glaçons. Les eaux en jaillissaient jadis par les trois têtes d'un cerbère en cuivre qui fut volé vers le milieu du dernier siècle.

.*.

LA TOUR DU GROS-HORLOGE
Vue de la rue Massacre.

L'ancien Hôtel de Ville, qui est divisé aujourd'hui en plusieurs habitations particulières, se trouve au coin de la rue de la Grosse-Horloge et de la rue Thouret.

C'est un édifice en pierre, à bossages, qui fut construit en 1607 par l'architecte Jacques Gabriel. Il remplaçait un autre Hôtel de Ville, qui avait été construit du XIVe au XVIe siècles, sur l'ancien hôtel de Leicester.

Ce premier édifice public s'étendait jusqu'à la rue aux Juifs. C'est en 1705 qu'on pratiqua l'entrée sur la rue de la Grosse-Horloge. Il fut abandonné en 1791 et vendu en

1796. Le bâtiment le plus orné est situé rue Thouret, où dans une niche, on voit un buste en bronze de Thouret, avocat jurisconsulte, ancien député de Rouen en 1789, par Alphonse Guilloux, et à côté, des inscriptions dans des cartouches de marbre rouge, indiquent que ce médaillon a été érigé lors du centenaire de la réunion des Etats Généraux, en 1889.

On ne quittera pas la rue de la Grosse-Horloge sans visiter le passage d'Etancourt, qui la met en communication avec la rue aux Ours, ainsi que l'ancien hôtel Pain-d'Etancourt, dont l'entrée est du XVIIIᵉ siècle, avec une grande cour de la Renaissance, dans laquelle on verra, sur des consoles adossées à la maison, treize statues de dieux ou de déesses, d'un mérite artistique des plus communs.

Dans les appartements se trouvait autrefois une décoration en cuir doré.

LE BUSTE DE THOURET.

LA TOUR DU BEFFROI ET LA GROSSE-HORLOGE

Vues de la rue du Tambour.

La place du Vieux-Marché

La place du Vieux-Marché. — Les Halles centrales. — Le Théâtre-Français.
Le Vieux-Palais. — La maison de Pierre Corneille. — Vieilles rues et
vieilles maisons.

La *place du Vieux-Marché* est une des plus vastes et des plus anciennes de Rouen.
C'est sur cette place que, depuis le XIe siècle, s'est tenu le plus important marché de
la ville.

En 1060, il se trouvait en dehors des murs de Rouen et y fut compris lorsqu'on
établit la troisième enceinte. Il porte la dénomination de Vieux-Marché depuis environ

LES HALLES CENTRALES

cinq siècles. Il fut à son début très considérable ; son étendue était fort grande et sa renommée très justifiée.

En 1790, on y édifia des galeries couvertes ou sortes de hallettes qui, en 1860, furent remplacées par de vastes halles en fer et en verre. A cette époque, la place du Vieux-Marché fut beaucoup agrandie vers le nord.

Au nord se trouve le pavillon aux poissons et à la vente à la criée ; au sud, le pavillon aux légumes et à la boucherie ; sur le carreau, le marché à la volaille, au beurre et aux œufs.

A l'extrémité du pavillon sud, vers la rue de Crosne, on voit une plaque commémorative en marbre du *supplice de Jeanne d'Arc*, qui eut lieu dans cet endroit, près de l'ancienne église Saint-Sauveur, aujourd'hui disparue. Dans le sol, sur l'asphalte on lit cette inscription : *30 mai 1431*.

C'est dans cette partie de la place que jusqu'en 1841, se trouvait le pilori et le lieu d'exécution des condamnés.

Il y avait aussi anciennement, au milieu de la place du Vieux-Marché, une fontaine monumentale en pierre dont nous donnons le dessin.

ANCIENNE ÉGLISE SAINT-SAUVEUR.

Les Halles centrales sont fort bien approvisionnées et il s'y fait un trafic considérable.

. .

Plusieurs écrivains prétendent que Jeanne d'Arc a été brûlée sur la place du Vieux-Marché et non sur celle du Marché-aux-Veaux, mais cette dernière place, celle du Vieux-Marché et tout le quartier de l'ancienne paroisse de Saint Sauveur, ne faisaient jusqu'au XVe siècle, qu'une même place située hors de la ville. Elles ne furent divisées comme elles le sont actuellement, par de nombreuses constructions, que depuis que la Pucelle fût sacrifiée à la superstition et à la haine des Anglais. Une partie de cette vaste place du marché resta affectée à la vente des veaux, d'où elle avait tiré son nom, et l'on donna celui de Vieux-Marché au reste de cette place, pour la distinguer du marché neuf établi récemment dans le clos aux Juifs.

ANCIENNE FONTAINE DE LA PLACE DU VIEUX-MARCHÉ.

Telle est la version qui paraît avoir donné naissance aux opinions diverses relatives à la partie du marché qui fut le théâtre du supplice de la martyre de Domrémy.

La place du Marché-aux-Veaux fut témoin de plusieurs exécutions, telles que celles du curé de Condé-sur-Noireaux et d'un autre personnage convaincu d'hérésie.

Suivant l'opinion de M. A. Le Prévost, basée sur une charte de Philippe-le-Bel, le Marché-aux-Veaux existait sous cette dénomination dès 1309, car il résulte de cette charte que Jeanne de Tancarville demeurait à cette époque *in vico dicto vulgariter forum vitulorum*, c'est-à-dire dans la place appelée vulgairement le Marché-aux-Veaux ; ce qui n'implique nullement que cette place fut alors distincte de celle du Marché. Le 23 octobre de cette même année fut dressé, dans la maison de la dame de Tancarville, l'acte de mariage entre Guillaume, le dernier des Tancarville, et Isabelle, fille d'Enguerrand de Marigny, quoiqu'ils n'eussent pas dépassé l'âge de sept ans.

UN COLTINEUR.

Au xv⁰ siècle, le Marché-aux-Veaux paraissait s'étendre jusque vers l'église de Saint-Sauveur, si l'on en juge par un certain nombre d'actes concernant des maisons où pendaient les enseignes des Balancés, du Chaudron, de la Couronne, de l'Epée, du Dauphin, du Mouton-d'Or, du Petit-Paon, etc., dont la situation est indiquée, dans ces divers actes, comme étant sur le Marché aux-Veaux. Des actes de 1421 à 1442 constatent l'existence d'une venelle aboutissant du Vieux-Marché au Marché-aux-Veaux, à la maison où pendait l'enseigne du Dauphin. D'un autre côté, suivant un acte du 25 mars 1408, le presbytère de Saint-Michel paraissait être situé entre le Marché-aux-Veaux et l'eau de Seine. Dans un autre acte de 1472, il est fait mention du jardin d'Enfer situé sur la place du Marché-aux-Veaux, près de Jehan Marcel, où les frères de la Charité-Dieu représentèrent, en 1454, le mystère de sainte Catherine ; Jehan Marcel avait prêté sa maison aux échevins. C'est

AUX HALLES.

sans doute ce jardin d'Enfer qui donna son nom à la rue du Petit-Enfer, qu'on appelait en

1466 « la rue tendant du Marché-aux-Veaux à l'église Saint-Eloi », rue qui prit plus tard le nom de rue du Panneret.

* *

Le *Théâtre-Français*, sur la place du Vieux-Marché, qu'on avait gratifié du surnom peu élégant de *Salle des Eperlans*, est l'ancien jeu de paume du Cignot, qui fut transformé en théâtre en 1793 et inauguré le 1er février, sous la direction Ribié.

LE THÉATRE-FRANÇAIS.

Ce théâtre, qui contient mille deux cents places, a été modifié et restauré à plusieurs reprises, principalement en 1886 et en 1895. L'accès en a été rendu plus facile, un vestibule dont le plafond est orné d'une peinture décorative en grisaille, représentant une Muse tenant le médaillon de Corneille, remplace aujourd'hui les étroits serpentins qui conduisaient aux guichets. Les panneaux latéraux sont ornés des attributs du Drame, du Vaudeville et de la Comédie. On entre de plein-pied au rez-de-chaussée. Les places sont convenablement aménagées.

AU PARTERRE.

On y a joué l'opérette avec succès, vers 1882, aujourd'hui on y joue la comédie et le drame.

Le Théâtre-Français qui est une de nos scènes les plus connues et les plus anciennes, est très populaire, et sa popularité date de loin puisque déjà sous le *Cignot*, cet enragé révolutionnaire, on y donnait des représentations de ou par le peuple.

La façade de la salle du Vieux-Marché est des plus simples et garnie d'une grande marquise.

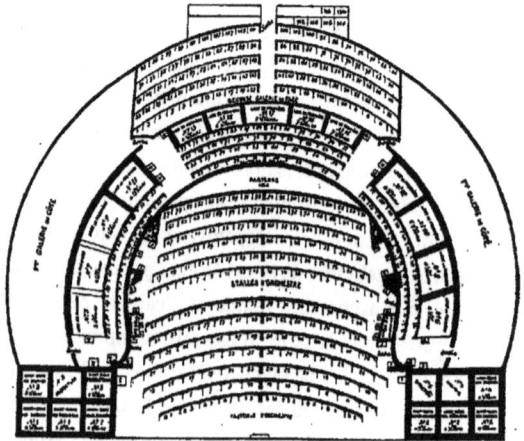

PLAN DU THÉATRE-FRANÇAIS.

* *

Toute une suite de rues perpendiculaires à la Seine, descendent de la place du Vieux-Marché ; les principales sont la *rue de Fontenelle*, la *rue Herbière*, la *rue de la Vicomté* dans laquelle on voit une maison du XVIᵉ siècle restaurée, la *rue du Vieux-Palais*, etc.

Le Vieux-Palais, construit par ordre du roi d'Angleterre Henry V, en 1418, s'élevait à la hauteur de la rue Pierre-Corneille.

C'était un immense édifice terminé par une tour à chacune de ses deux extrémités. La muraille méridionale touchait à la Seine et obstruait le boulevard Cauchoise actuel.

Ce palais, qui avait été construit dans le but d'en faire une résidence pour le roi d'Angleterre, avait de profonds fossés, remplis d'eau. La guerre de Cent Ans fit évanouir les projets de ces bons Anglais. Sous la Ligue, les protestants nobles furent jetés dans les cachots du Vieux-Palais.

En 1640, la garnison défendit, avec héroïsme, cet édifice pendant une révolte de vagabonds et de nu-pieds.

Le Vieux-Palais, qui était devenu une seconde Bastille, sous la Révolution, fut investi, le 17 juillet 1789, par les volontaires du Tiers-Etat, et tomba en ruines.

La rue du Vieux-Palais a plusieurs cours intérieures du XVIᵉ siècle.

.⁕.

Dans la *rue Pierre-Corneille*, au nº 4, on voit la maison où est né le grand tragique. Cette maison dont nous donnons le dessin a été rescindée ; l'entrée est du XVIᵉ siècle.

On y lit l'inscription suivante :

« Ici étaient les maisons où sont nés les deux Corneille : Pierre, le 6 juin 1606 ; Thomas, le 21 août 1625. »

.⁕.

MAISONS DE PIERRE ET THOMAS CORNEILLE.

De la place du Vieux-Marché partent encore les rues *de la Grosse-Horloge, Rollon, Guillaume-le-Conquérant* qui rejoignent la rue Jeanne-Darc, puis les rues *Cauchoise, de la Prison, Sainte-Croix-des-Pelletiers* qui rejoignent la rue des Bons-Enfants.

La rue Rollon fut ouverte en même temps que la rue Jeanne-Darc et reçut, le 31 décembre 1860, le nom du premier duc de Normandie.

Dans la rue Sainte-Croix-des-Pelletiers se trouve l'église du même nom, occupée aujourd'hui par le commerce. Dans cette vieille église gothique, on remarque des boiseries avec écusson de Georges IX, baron de Clères, et de sa femme, Anne de Brézé. Elles datent du xvᵉ siècle.

On remarque aussi la *fontaine Sainte-Croix-des-Pelletiers*, qui est composée de deux pieds droits à mascarons grotesques, avec fruits et initiales de Louis XIII.

Cette fontaine, qui date de 1634, était autrefois surmontée d'un fronton.

La *rue des Bons-Enfants*, qui a pris son nom d'un collège que les Bons-Enfants ou « pauvres écoliers », s'étaient fait bâtir en 1358 et subsista jusqu'en 1595, possède une vieille auberge normande avec galerie intérieure, et aux nᵒˢ 132 et 134 une maison du xvrᵉ siècle où est né Fontenelle, littérateur et savant (1657), auteur de la *Pluralité des Mondes*.

Depuis 1865, la synagogue se trouve, 71, rue des Bons-Enfants, dans l'ancienne église catholique Sainte-Marie-la-Petite. Le collatéral sud est conservé en entier. Il ne reste plus qu'une seule nef du xvrᵉ siècle.

En 1859, la synagogue se trouvait rue Dinanderie (salle Valéry.)

∴

Dans les environs du Vieux-Marché on peut encore voir, dans la rue des Béguines, à gauche, en montant, quelques vestiges de l'ancienne église Saint-Vigor, et un peu partout au milieu de cette forêt de vieux pignons qui profilent, sur le ciel, leurs silhouettes pittoresques de jolis bouts de rue aux maisons à bas rez-de-chaussée, aux escaliers perdus dans des ombres profondes, avec çà et là de vieilles auberges, à l'enseigne simple et de bonne réclame.

Toutes ces rues qui avoisinent les Halles centrales présentent une grande animation, le matin, alors que les maraîchers des environs apportent leurs produits, et que les ménagères affairées vont faire les provisions journalières.

Parallèlement à la place du Vieux-Marché et à la rue du Vieux-Palais, s'étend la rue de Fontenelle, où au nᵒ 23 se trouve l'Hôtel de la Préfecture.

La Fierte Saint-Romain

Les anciennes Halles. — La Haute-Vieille-Tour. — La Fierte. — La Basse-Vieille-Tour. — La rue de l'Epicerie. — L'Eglise Saint-Denis. — La rue du Bac. — La Fontaine de Lisieux. — Le logis des Caradas.

Les anciennes halles, dont la première érection due à saint Louis, eut lieu au XIII⁰ siècle, occupent l'emplacement du palais de Richard-sans-Peur et de la vieille tour qui faisait partie de ce monument.

Elles forment un grand quadrilatère avec leurs bâtiments en pierre, avec grands toits d'ardoises percés de lucarnes, qui datent du XVII⁰ siècle.

L'école régionale des Beaux-Arts y est installée, ainsi que plusieurs Sociétés de secours mutuels. Dans la partie sud se trouve l'atelier de décoration et les magasins de décors du Théâtre-des-Arts.

Les halles étaient occupées autrefois par les corporations des toiliers et drapiers de Rouen. On y voyait des entassements énormes de toiles de toutes couleurs, principalement le vendredi où les fabricants venaient d'un peu partout, mais surtout du pays de Caux. C'était une foule grouillante, affairée et pittoresque, dans laquelle, sur un simple coup d'œil ou un signe de l'index, on traitait de très importantes affaires.

LES HALLES, PLACE DE LA HAUTE-VIEILLE-TOUR.

Sur la place de la *Haute-Vieille-Tour* se tient tous les vendredis un marché de fruits, légumes, volailles, mercerie, friperies, etc.

On remarque sur cette place, une ancienne chapelle, la *Fierte-Saint-Romain*, édicule en pierre style Renaissance italienne qui date de 1542.

9

Il se compose de six étages d'ordre corinthien, superposés dans des proportions décroissantes et est placé en avant-corps faisant saillie de vingt-cinq pieds sur l'ensemble du bâtiment auquel il est adossé.

Le rez-de-chaussée, sorte de péristyle ouvert, comprend trois arcades à plein cintre qui soutiennent un large entablement. La plate-forme (ancienne chapelle) qui forme tribune avec sa voûte en caissons est accessible par deux larges escaliers latéraux.

Cet étage, à quatre frontons latéraux flanqués d'acrotères, est couronné par un édicule que surmonte un campanile à jour supportant un petit dôme qui termine l'édifice.

Tous les ans, le jour de l'Ascension, avait lieu au premier étage de ce monument, la cérémonie de la *Levée de la Fierte* ou châsse de saint Romain.

Ce jour-là, le Chapitre, de Notre-Dame, jouissait du privilège de présenter au Parlement, un condamné à mort, pour obtenir sa grâce. Il usa jusqu'à la Révolution de ce droit qui lui était dévolu, en commémoration du miracle de la Gargouille.

LA CATHÉDRALE
Vue du premier étage de la Fierte.

Voici comment Pasquier, dans ses *Recherches de la France*, raconte, sans l'adopter, le miracle de la Gargouille et l'origine de la Fierte de saint Romain :

« Vous entendrez doncque, s'il vous plaist, que les doyen, chanoines et chapitre de l'église de Rouen, tiennent pour histoire très véritable, qu'ils ont apprise de main en main, de tout temps immémorial, que sous le règne de Clotaire II, il y eut un dragon, du depuis appelé Gargouille, qui faisoit une infinité de domaiges ès environs de la ville, aux hommes, femmes, petits enfans, ne pardonnant pas mêmes aux vaisseaux et navires qui étoient sur la rivière de Seine, lesquels il bouleversoit; que saint Romain, lors archevêque de Rouen, meu d'une charité très ardente, se mit en prières et oraisons, et armé d'un surplis et estole, mais beaucoup plus de la foy et asseurance qu'il avoit en Dieu, ne doubta de s'acheminer en la caverne où ceste hideuse beste faisoit son repaire; qu'en ce grand et mystérieux exploit, avant que partir, il se fit délivrer par la justice un prisonnier condamné à mort, comme il étoit sur le poinct d'estre envoyé au gibet; que là, il dompte ceste beste indomptable, lui mit son estole au col, et la bailla à mener au prisonnier. A quoi, elle, devenue douce comme un agneau, obéit, jusques à ce que menée en laisse dedans la ville, elle fut arse et bruslée devant tout le peuple : victoire dont saint Romain ne voulut rapporter autre trophée, que la pleine délivrance du prisonnier qui estoit condamné à mort, qui lui fut libéralement octroyée. Mais sainct Ouen, son successeur, le voulant renvier sur luy, pour immortaliser ce miracle, obtint du roi Dagobert, fils de Clotaire second, que de là en avant, les doyen chanoines et chapitre pourroient tous les ans, au jour et feste de l'Ascension, faire congédier des prisons celui qui se trouveroit avoir commis le plus exécrable crime, à la charge de lever et porter la fierte de sainct Romain, en une procession solemnelle qui se feroit tous les ans; auquel cas il obtiendroit une abolition générale, tant pour lui que pour ses complices, ores qu'ils ne fussent entrez aux prisons. »

Les premières preuves écrites du droit de la Fierte, apparaissent à la fin du XIIe siècle, sous le règne de Philippe Auguste.

Quand le duché de Normandie eut fait retour à la couronne de France, le nouveau bailli, établi par le roi, ne voulut pas livrer au chapitre de Rouen, le prisonnier qui devait jouir du privilège. Une enquête fut faite à ce sujet et on entendit neuf témoins, trois prêtres, trois nobles et trois bourgeois qui prêtèrent serment dans l'église Saint-Ouen et déclarèrent que dès le temps de Henri II Plantagenet, qui commença son règne en 1154, ils avaient toujours vu le chapitre exercer le droit de délivrance d'un prisonnier, à cette occasion, pourvu que celui-ci ne fût point puni pour crime de lèse-majesté.

Le privilège, devant ces déclarations, fut alors confirmé.

Le jour de la *Levée de la Fierte* de Saint-Romain les cloches des vingt-quatre paroisses et couvents de la Ville étaient mises en branle et, à trois heures de l'après-midi, toutes les paroisses se réunissaient processionnellement pour amener le coupable qui, après avoir soulevé la *Fierte* au haut de l'édifice, était grassement nourri par la Confrérie de Saint-Romain et recouvrait son entière liberté.

La *Levée de la Fierte* avait lieu jusqu'en 1540 dans une ancienne chapelle de Saint-Romain et c'est en 1542 que le corps de ville proposa la construction de l'édifice actuel qui fut terminée en 1543 et qui a subi de nos jours de légères restaurations.

LA FIERTE.

* *

Un passage voûté, au-dessus duquel se trouve la Fierte, conduit à la place de la *Basse-Vieille-Tour*, de l'autre côté des Halles.

Sur cette place qui est très commerçante, se tient tous les jours un marché de poissons, légumes et fruits et tous les vendredis un autre marché, d'articles de ménage, vêtements, objets de toilette, etc.

* *

Si l'on se place au bas de la *rue de l'Epicerie*, qui prend à la place de la Haute-Vieille-Tour, on aperçoit, à son extrémité, le portail de la Calende de la Cathédrale qui se découvre lentement au milieu des vieux pignons.

La rue de l'Epicerie tient son nom du genre de commerce qu'on y exerçait et dont il est largement fait mention dans les manuscrits de la ville du XIVe et XVe siècles. C'est une des plus connues, des plus pittoresques et des plus souvent reproduites. Elle possède de nombreuses maisons du XVIe siècle; près de la place du *Marché-aux-Balais*, on voit une maison curieuse avec cartouche en bois sculpté, datant de 1607.

Le Marché-aux-Balais est cette petite place, dans le prolongement de la rue des Halles.

Ce coin de la vieille cité, mérite d'être vu; il

LA RUE DE L'ÉPICERIE.

est des plus pittoresques avec ses vieilles maisons aux charpentes ornées, dont les lucarnes s'inclinent avec mélancolie comme si elles fléchissaient sur leur base sous le poids des années.

Au tournant du Marché-aux-Balais commence une succession de cours sales et silencieuses, de passages pittoresques, à travers des maisons à vieux pans de bois qui semblent se livrer à une danse de soubresauts fantastiques.

C'est un labyrinthe de rues et de ruelles, de venelles étroites, bordées de vieux murs noircis et tremblants.

De la rue de l'Epicerie, plusieurs rues transversales aboutissent à la rue de la République. Une des plus anciennes est la *rue Saint-Denis*, dans laquelle on remarque un fragment de porte du xvie siècle.

L'église Saint-Denis, à moitié masquée par des constructions, a été incendiée à plusieurs reprises, fut reconstruite en 1508 mais ne fut jamais achevée, seul le chœur est terminé.

La rue du Bac est parallèle à la rue de l'Epicerie. Aux n°s 28 et 30 on y voit des maisons anciennes, en pierre, qui sont du xviiie siècle; on en voit également une du xvie siècle, et, au

LOGIS DES CABADAS.

coin de la rue de la Salamandre, le vestige de l'ancien hospice de la Madeleine.

La maison curieuse du xve siècle, qui porte le n° 66, et dont les sculptures ont été heureusement mises à jour, a été classée en 1899 parmi les monuments historiques.

C'est au bas de la rue du Bac, en arrivant sur le quai de Paris, que se trouvait autrefois la *Porte du Bac*.

La Porte du Bac, telle qu'elle était au xviie siècle, d'après le plan dressé par Pierre Hardouyn, son architecte, en 1615, et qui se trouve à la Bibliothèque, avec son toit élevé, surmontée de pots à feu, était ceinte d'un fronton en arc de cercle, décoré d'ornements en ronde-bosse. Ses fenêtres très petites et sa voûte basse lui donnaient un aspect de la

plus haute originalité. Elle était couronnée d'un campanile, et des girouettes pointues ornaient les extrémités supérieures de sa toiture.

Cette porte monumentale de toute, beauté fut détruite en 1816.

.•.

La rue du Bac traverse la *rue de la Savonnerie*, qui a conservé deux vieilles maisons, l'une au n° 29, l'autre du XVIᵉ siècle, une des plus curieuses de Rouen, est appelée *Logis des Caradas* et se trouve à l'angle de la rue de la Tuile, sur la petite place des Arts. C'est une construction en bois, haute et massive, dont chaque étage fait saillie sur l'étage inférieur. C'était une des plus considérables des maisons de la Ville, il y a quatre cents ans, et elle laisse entrevoir que la famille des Caradas ou Carados, sur laquelle on ne sait pas grand'chose, était riche pour l'époque.

LA PORTE DU BAC, AU XVIIᵉ SIÈCLE.

Reconstituée par M. J. Adeline, Exposition de Rouen 1896.

Dans la rue de la Savonnerie, on remarquera la *Fontaine de Lisieux*, adossée à un hôtel où descendaient les évêques de Lisieux lorsqu'ils venaient à Rouen, en leur paroisse de Saint-Cande-le-Vieux, aujourd'hui disparue, qui se trouvait place Gaillarbois.

Cette fontaine, ainsi que l'indique une plaque de marbre avec inscription, fut construite, en 1518, par l'échevin Jacques-le-Lieur, qui est né au n° 18 de la rue de la Savonnerie, près de la rue Grand-Pont.

Elle est formée d'un massif en pierre qui représente le Parnasse. En haut se trouve Apollon jouant de la harpe et, plus bas, le cheval Pégase.

LA FONTAINE DE LISIEUX.

Au-dessous, la logique, la physique, la métaphysique sont symbolisées par un personnage à trois têtes. Puis, dans un chemin qui serpente au milieu de rochers, d'arbres et de gazon, on voit les neuf muses avec des instruments de musique et çà et là, dans le paysage, des moutons.

Autrefois l'eau jaillissait par les naseaux du cheval, par deux salamandres placées en bas et par chacun des instruments de musique. Le spectacle de ce jeu d'eau était offert au peuple les jours de grandes réjouissances.

Ce monument, qui devait être décoré de peintures, est dans un misérable état de délabrement ; néanmoins il mérite d'être visité. On peut en voir une reconstitution, de Foucher, à la Bibliothèque municipale.

Les Boulevards

Le boulevard Gambetta. — Le Square Martainville. — La Gare du Nord. —
La Tour du Colombier. — L'Hospice-Général. — Le boulevard Saint-
Hilaire. — Le Cirque. — Le boulevard Beauvoisine. — Le boulevard
Jeanne-Darc. — La statue d'Armand Carrel. — Le Lycée de jeunes filles.
— La statue de Pouyer-Quertier. — Le boulevard Cauchoise. — La Pré-
fecture. — La foire Saint-Romain.

AU BOULEVARD GAMBETTA.

Rouen remplit un arc de cercle formé d'une
ceinture de boulevards, tracés vers 1770 sur l'emplacement des anciens fossés, par M. de Crosne,
intendant de la province, et qui, de l'Est à l'Ouest,
entourent la ville, sur une longueur de 4,100
mètres.

Au-delà de cette ceinture qu'ombragent de ver-
tes frondaisons, plusieurs quartiers s'élèvent vers
les côtes Sainte-Catherine, Saint-Hilaire, Boisguillaume et Saint-Aignan, et le promeneur qui laisse
planer son regard sur la ville évoque le temps lointain, où l'enceinte fortifiée, de pierre
massive, hérissée de tours de distance en distance, donnait à la cité un air grave et des
plus pittoresques.

Les boulevards furent exécutés entre les années 1770 et 1780. Les premières plantations remontent environ à un siècle.

Nous ferons notre promenade par le *boulevard Gambetta* qui commence au Champ-
de-Mars. Il est planté de deux rangées de platanes séculaires dans les branches desquels,
au printemps, viennent nicher les corneilles.

On remarquera à l'intersection du boulevard et de la rue d'Amiens, le *square Martainville*, appelé encore *Jardin Thuileau*, qui est traversé par le cours de la rivière l'Aubette,
qui dessert quelques usines et fait son entrée à Rouen à travers des rues et des ruelles
d'un aspect très pittoresque.

Ce square, qui a été créé en 1870-71, a, dans une allée, une fontaine publique d'eau minérale ferrugineuse, appelée la *Fontaine de la Maréquerie*, et qui est protégée par un petit pavillon.

Au milieu du square se trouve un tertre ombragé, où la musique militaire joue habituellement le dimanche.

Du boulevard Gambetta on voit la *gare du Nord* et la ligne de Rouen à Amiens, qui a cent dix-sept kilomètres, et qui furent instituées le 1er mai 1867.

Le mouvement de cette gare est de vingt trains de voyageurs, en moyenne, par jour.

Presque en face, aboutissant au boulevard, on aperçoit les immenses jardins de l'Hospice-Général, où subsistent encore des vestiges de l'ancienne

PORTE SAINT-HILAIRE EN 1775.

Tour du Colombier, qui se dressait jadis près de la porte Martainville, où en 1562, un sieur Civille, capitaine d'une compagnie de gens de pied, fut au siège de Rouen, par Henri IV, réputé mort deux fois et enterré deux fois. Il revint à la vie, ainsi qu'en témoigne l'histoire anecdotique de Rouen, et reprit le maniement des armes.

Il y a une trentaine d'années, sur l'emplacement de la gare du Nord, on a retrouvé les traces d'une cité lacustre.

L'*Hospice-Général*, dont l'entrée est rue de Germont, à l'extrémité Est de la rue Blanche, est très vaste; il contient mille six cents lits et fut fondé en 1572, par le premier président au Parlement de Rouen, Claude Groulard.

Il a été agrandi à diverses époques par plusieurs donations.

On admet annuellement dans cet établissement cinq à six cents enfants trouvés. Un *tour* est pratiqué à l'une des entrées pour les recevoir.

L'église, qui donne sur le boulevard Gambetta, fut construite en 1651 sous le nom

10

de Notre-Dame-de-la-Charité. L'architecte Vauquelin la reconstruisit en 1785 et elle fut inaugurée cinq ans après.

UNE REPRÉSENTATION AU CIRQUE MUNICIPAL.

Le boulevard Gambetta aboutit à la place Saint-Hilaire, où s'élevait autrefois la porte de ce nom, qui vit un assaut terrible donné par les soldats de Charles IX, lors du siège de Rouen, sous les guerres de religion.

La porte Saint-Hilaire fut élevée vers la moitié du XIVᵉ siècle, mais la construction dont notre dessin rappelle la forme et les dispositions, ne remonte pas dans toutes ses parties à cette époque.

Le boulevard Gambetta est suivi du *boulevard Saint-Hilaire*, auquel on accède par des rampes, puis par le *boulevard Beauvoisine*, près duquel se trouve la *place du Boulingrin*.

L'ancien Boulingrin était le *Boule-Verd*, tapis de gazon où l'on jouait à la boule. De ce mot les Anglais ont fait la traduction qui est Bowling-Green, d'où nous avons tiré le mot actuel de Boulingrin.

La place du Boulingrin est vaste et sert de marché aux chevaux tous les vendredis à midi.

Tout à côté se trouve le Cirque de Rouen, ou Cirque municipal, qui possède une vaste salle pouvant contenir trois mille personnes. Il fut construit en 1894 et sert aux représentations équestres, qui ont lieu, surtout, pendant la foire Saint-Romain.

La salle est disposée de telle façon qu'on peut y organiser des conférences, des concerts et des fêtes.

AU CIRQUE.

Sur le boulevard Beauvoisine commencent les rampes qui donnent accès à l'avenue du cimetière monumental.

Ce boulevard traverse la *place Beauvoisine*, où s'élevait jadis la porte de ce nom, et se termine au débouché de la rue Jeanne-Darc, près de la rue Verte, qui conduit à la gare de l'Ouest (rive droite).

PLACE DU BOULINGRIN PENDANT LA FOIRE SAINT-ROMAIN.

Le *boulevard Jeanne-Darc* lui fait suite, jusqu'a la place Cauchoise.

Dans le haut de la rue Jeanne-Darc, sur un terre-plein ombragé par des arbres, à l'intersection de la rue Verte et du boulevard Jeanne-Darc, se dresse la statue d'Armand Carrel.

Le célèbre journaliste, né à Rouen en 1800, est représenté debout, une plume à la main, appuyé sur une table.

Cette statue en bronze, due au sculpteur Lefebvre, a été élevée par souscription, le 24 juillet 1887.

Elle n'est pas d'un grand mérite. La tête est grosse avec les cheveux en coup de vent, l'allure générale est lourde et manque de vie.

Sur le boulevard Jeanne-Darc était situé le château de Philippe-Auguste, constitué par sept énormes tours reliées par des remparts épais.

STATUE D'ARMAND CARREL.

Le Lycée de jeunes filles qui donne sur le boulevard et dont l'entrée est rue Saint-Patrice, 32, est un ancien hôtel du XVIIIe siècle, avec façade sculptée.

Dans cet hôtel, construit sur l'ancienne porte d'Arras, et qui fut occupé par les Jésuites en 1846, se trouve une sorte de couloir aux murs très épais, qui proviennent de l'établissement des anciens remparts.

Ce couloir est séparé d'un autre par une grille; un ruisseau coule dans toute la longueur de ces deux réduits qui se prolongent sous le boulevard Beauvoisine.

SOUTERRAIN DU LYCÉE JEANNE-DARC.

La *foire* de février ou de la Chandeleur, instituée par saint Louis en 1629, a lieu le 20 février, et a une durée de quinze jours non compris les dimanches et fêtes; elle se tient sur le boulevard Jeanne-Darc, de même que la foire de juin ou de la Pentecôte, établie par Louis XI en 1474, qui a lieu le 20 juin et dure aussi quinze jours.

*

Sur la place Cauchoise, d'où on se dirige vers le quartier Saint-Gervais, on remarquera la statue de Pouyer-Quertier, élevée par souscription en 1894.

Ce monument circulaire en pierre est haut de deux mètres quatre-vingt-cinq, et supporte la statue en bronze de l'ancien ministre des finances en 1871, représenté debout, faisant de la main droite un geste d'éloquence.

L'Agriculture et le Commerce sont symbolysés, sur le soubassement, par deux femmes. En arrière les plis d'un drapeau enveloppent des bas-reliefs représentant la *signature du traité de Francfort* et le *Don d'un objet d'art offert par des industriels à Pouyer-Quertier*.

Ce monument, entouré d'une grille, est du sculpteur Alphonse Guilloux et de l'architecte Jules Adeline.

STATUE DE POUYER-QUERTIER.

*

Le *boulevard Cauchoise*, qui commence à la place de ce nom, descend vers la Seine, coupant la rue de Crosne ; il tient son nom de sa position vers le pays de Caux, qui était occupé autrefois par des peuples de la Gaule appelés Calètes ; il passe devant la Préfecture et aboutit au quai du Havre ; on y remarque plusieurs hôtels du xviiiᵉ siècle.

L'hôtel de la Préfecture, qui donne rue de Fontenelle, 23, et boulevard Cauchoise, est moderne avec cour d'entrée et jardin.

Il est construit sur l'ancien emplacement de l'église et du couvent des Jacobins, et de l'ancien hôtel

PLACE CAUCHOISE AU 14 JUILLET.

de l'Intendance de la Généralité, qui fut édifié en 1780 et dont fait encore partie un bâtiment intérieur qui a été remanié.

Dans cet édifice, en pierre, on remarque : la salle du Conseil général qui est ornée de peintures décoratives, d'allégories, d'emblèmes des sous-préfectures, par Lucas ; un portrait de Corneille d'après Lebrun, par Zacharie ; une belle cheminée en marbre griotte des Pyrénées.

ANCIENNE PORTE CAUCHOISE.

Le pavillon des archives départemen - tales, qui fait suite à un bâtiment construit en 1856, se trouve sur le boulevard Cauchoi- se. On peut les consulter tous les jours, de deux à quatre heures.

Le bas du boulevard Cauchoise était un ancien marais sur l'emplacement duquel fut construit en 1418 le *Vieux-Palais*, par ordre d'Henry V, roi d'Angleterre.

La promenade des boulevards est des plus agréables à faire. Une ligne de tramways circulaire en assure le service.

C'est pendant la foire Saint-Romain ou du Pardon, instituée par Guillaume-le-Con- quérant vers le milieu du XIe siècle, qu'ils pré- sentent le plus d'ani- mation. Elle se tient sur les boulevards Jeanne-Darc, Beauvoi- sine et Saint-Hilaire, à partir du 23 octobre, pour une durée de vingt jours avec prolongation ordinaire de dix jours.

A LA FOIRE SAINT-ROMAIN.

Des spectacles forains et des marchandises de tous genres garnissent les deux côtés de la chaussée sur une longueur de deux kilomètres. Le centre des attractions se trouve vers le cirque et place du Boulingrin.

Cette foire est très fréquentée et présente une animation extraordinaire, au milieu de ses jets de lumière multicolores et du bruit assourdissant des orchestres de cuivre et des cris des saltimbanques débitant leur boniment aux badauds.

LES BOULEVARDS PENDANT LA FOIRE SAINT-ROMAIN.

Le Cimetière Monumental

**Le Cimetière Monumental. — Principaux monuments. — Le Four créma-
toire. — Le Cimetière du Nord. — Le Panorama de Rouen.**

Le Cimetière Monumental, établi sur une portion de la *côte des Sapins* qui domine la
ville à l'Est, recouvre de ses monuments funèbres une partie de colline d'une superficie
de cinq hectares, au-dessus du boulevard Saint-Hilaire,
au bout de l'avenue du Cimetière Monumental.

Il fut ouvert en 1828 et spécialement affecté aux conces-
sions perpétuelles et trentenaires.

Il est planté de cyprès, de peupliers, de saules, de
sycomores, et de toutes sortes d'arbustes et de fleurs
qu'entretiennent les âmes pieuses autour des tombeaux.

En entrant au cimetière, à peine a-t-on passé la grille,
qu'on aperçoit le monument élevé aux soldats morts en
1870-1871. Ce monument qui fait face à l'avenue, érigé
en 1889 sur l'initiative du Cercle rouennais de la Ligue
des Patriotes, est l'œuvre du statuaire Eugène Benet
et se dresse sur une vaste tombe qui reçut cent quarante-
deux héros dont sept gradés morts au champ d'honneur.

MONUMENT DES SOLDATS MORTS EN 1870-1871.

Il représente une forte colonne carrée dont la base est plus large que l'extrémité supérieure.

La France en deuil est symbolisée par une femme en jupes portant l'armure gau-
loise, les cheveux au vent. De sa main droite elle tient un glaive dans son fourreau, tandis
que sa main gauche s'appuie sur le socle de la colonne.

La figure, à l'expression hardie, exprime d'une façon heureuse la haine de la patrie
offensée, comme aussi l'idée de se reprendre.

A ses pieds un rameau de laurier et une branche de houx, la gloire unie au deuil, sont
sculptés dans le socle et sur la face de la colonne on lit dans un écusson formé d'attributs
guerriers :

HONNEUR, PATRIE

puis, au-dessous, en lettres d'or :

AUX SOLDATS MORTS A ROUEN EN 1870-1871

Les trois autres faces de la colonne portent les noms des malheureux qui, tombés héroïquement sous les balles ennemies à Buchy, le 4 décembre 1870, à la Maison-Brûlée et à Moulineaux, le 4 janvier 1871, dorment à tout jamais leur dernier sommeil.

Au centre du cimetière, sur le point culminant de la côte, se trouve une chapelle en pierre, avec coupole, d'où l'on jouit d'une très belle vue.

Il renferme plusieurs tombes qui sont des monuments d'art ou sont illustrées de noms retentissants.

En face l'allée centrale on voit la tombe ou se trouve le cœur de Boïeldieu, le compositeur de musique; le tombeau d'Hyacinthe Langlois, peintre et archéologue, ayant pour chevet une ancienne pierre druidique, apportée de la forêt de Rouvray: les tombeaux de Verdrel, maire de Rouen, du colonel Trupel, du peintre Court, en forme d'hémicycle avec le buste du peintre, d'Amédée Méreaux, musicien, de l'amiral Cécille, surmonté d'un mât brisé avec une voile; la tombe des victimes de l'incendie du Théâtre-des-Arts en 1876; le tombeau de Nétien, maire de Rouen, qui, le 25 janvier 1871, lorsque le duc de Mecklembourg, allié princièrement à l'empereur d'Allemagne, Frédéric Guillaume, lui envoya un détachement d'officiers pour demander que ce prince fut reçu et logé à Rouen aussi hautement qu'il fût possible leur répondit fièrement : « Allez dire à votre prince que nul ici, de la part de mes habitants, au nom de qui je vous parle, ne voudrait que votre prince soit reçu avec honneur; moi seul, dans cette circonstance, je me charge d'assigner à votre chef la place de soldat à laquelle il a droit comme le plus simple de ses hommes. »

Un tableau de médiocre valeur que l'on voit au Musée de peinture représente cette scène.

MONUMENT BOÏELDIEU.

MONUMENT HYACINTHE LANGLOIS.

De nombreuses manifestations patriotiques se font annuellement devant ce monument, qui indique aux jeunes générations l'esprit du sacrifice.

E. Nicolle

S.H.P.
ROUEN

Vu de la rue Louis-Bouilhet.

11

Nous ne quitterons pas le Cimetière monumental, sans signaler le tombeau de M. Ambroise Fleury, ancien maire de Rouen, et un autre monument particulier qui a été élevé en 1886.

Situé dans l'avenue qui fait face au tombeau de M. Nétien, il est l'œuvre du ferronnier Marrou. Sur un soubassement de granit, solide et large, s'élève l'ensemble du monument, en cuivre repoussé et bruni, à la silhouette d'un profil simple et sévère, d'un caractère triste et grave.

Le sarcophage, d'une ornementation sobre, repose sur le socle de granit par quatre pieds triangulaires reliés deux à deux. Le haut du cénotaphe recouvert d'une draperie mortuaire supporte une croix latine couchée entre deux couronnes de feuilles de cyprès. Un écusson, sur la face extérieure, porte une inscription dont les bords sont ornés par des enroulements de cuivre découpé et est surmonté d'un sablier ailé. Les faces latérales sont décorées de consoles à volutes. C'est un travail consciencieux et digne.

MONUMENT COLONEL TRUPEL.

MONUMENT AMIRAL CÉCILLE.

Un autre monument important est celui de M. Ed. Leroy, ancien président de la Société d'Emulation chrétienne. Il se compose d'un médaillon en bronze, représentant les traits du défunt, supporté par une croix qui repose sur un socle en pierre grise de Belgique.

Rien ne saurait définir l'austère beauté, le profond silence et le calme repos de ces allées bordées d'innombrables pierres où sont gravés les plus grands noms du pays dormant à tout jamais à l'ombre des cyprès.

On est saisi d'un sentiment de profond recueillement sur cette terre hospitalière où petits et grands, bons ou méchants, viennent d'un pas égal à leur dernière demeure.

*
* *

Tout au haut du Cimetière monumental, sur le point culminant de la colline, s'élève le four crématoire, construction en forme de petite chapelle, d'aspect sévère.

Ce four crématoire est destiné, *en principe*, à incinérer les cadavres abandonnés provenant des hôpitaux, de la morgue ou des tombes ouvertes pour le renouvellement. Il est mis à la disposition des familles qui en font la demande.

Ce monument, dont le socle est en pierre d'Euville, est composé de moellons appareillés pour l'élévation ; sa toiture est en ciment armé, couronnée par une lanterne ; sa

LE FOUR CRÉMATOIRE.   Dessins extraits du *Journal de Rouen*.

COUPE DU FOUR CRÉMATOIRE.

façade, qui a huit mètres cinquante à la corniche, se compose d'un avant-corps et de deux bas-côtés.

Au-dessus de la porte d'entrée, à laquelle on accède par un perron de trois marches, est une simple attique supportée par deux consoles.

Après avoir franchi le perron on pénètre dans une vaste salle dont le plafond central forme coupole.

Dans une chapelle, séparée de la salle par un petit perron, se trouve un catafalque en arrière duquel, masquée par une porte, est la salle d'incinération.

Le four, qui est au milieu de la salle sur un massif en maçonnerie, se compose d'une enveloppe métallique chauffée au gaz.

L'ensemble de la construction a nécessité une dépense de quarante quatre mille francs.

. .

Le *Cimetière du Nord*, situé avenue Olivier-de-Serres, est tout à côté du Cimetière monumental. Il fut ouvert en 1880 pour les paroisses de la Cathédrale, de Saint-Ouen, de Saint-Vivien, de Saint-Nicaise, de Saint-Hilaire et de Saint-Joseph.

Le sol des nécropoles rouennaises n'est pas favorable partout à la résolution des matières organiques et les renouvellements opérés dans le cimetière du Nord ont démontré que plus de quinze années après, on y retrouvait encore des corps dont la décomposition n'était pas achevée.

.·.

Rouen possède sept cimetières.

Jusqu'en 1888, il y avait au bas de l'avenue du cimetière monumental un cimetière pour les protestants.

Depuis l'avenue du Cimetière monumental, ou la rue de la Rampe et toutes les rues qui, parallèles ou perpendiculaires au boulevard et à la rampe Beauvoisine, coupent cet agréable coteau aux coquettes maisons enfouies dans les jardins, on a une vue des plus agréables sur la ville, les prairies de Sotteville et de Quevilly. De la rue Louis-Bouilhet le coup d'œil est véritablement enchanteur.

Dans la *rue du Nord* se trouve *l'église Saint-Joseph*, édifice moderne en pierre, avec tour, de style roman.

TOMBEAU D'AMBROISE FLEURY, MAIRE DE ROUEN.

La Tour Jeanne-Darc

La rue Jeanne-Darc. — La Tour Jeanne-Darc. — La Tour et le Square Saint-André. — L'Eglise Saint-Vincent.

La rue Jeanne-Darc, qui a mille mètres de longueur et dix-huit mètres de largeur, possède de beaux magasins ; elle est bordée, près du quai, à droite par les bureaux de l'octroi et le Cercle militaire.

On y voit l'Hôtel des postes et télégraphes et de nombreuses maisons d'habitation construites avec tout le confortable moderne.

Cette rue, qui commence au quai de la Bourse et aboutit au boulevard Jeanne-Darc, à

ANCIEN CHATEAU DE PHILIPPE-AUGUSTE.

Dessin extrait du *Journal de Rouen.*

la jonction de la rue Verte, fut ouverte sous le nom de *rue de l'Impératrice*, en 1859, et reçut son dernier nom en souvenir de nombreux faits se rapportant à l'histoire de l'héroïne.

Pour se rendre au bûcher, la charrette qui conduisit Jeanne d'Arc du château où elle était enfermée, descendit un dédale de rues, sur l'emplacement desquelles est actuellement située la rue Jeanne-Darc.

Cette rue ouverte en 1867, est la plus belle et la plus vaste de la ville, qu'elle traverse presque entièrement, mettant en communication la gare de l'Ouest avec les quais.

* *

La *Tour Jeanne-Darc*, aujourd'hui monument départemental, se trouve dans la rue Bouvreuil, près le square Solférino. Elle était enclavée dans un couvent d'Ursulines, et fut rachetée, en 1868-1869, au moyen d'une souscription nationale, après une vive campagne de réunions et de presse.

Elle faisait partie du château de Rouen qui s'étendait sur l'espace borné par les rues Bouvreuil, Morand et Alain-Blanchard, et qui avait été construit en 1205 par Philippe-Auguste, et que démolit Henri IV.

Dans la cour intérieure de ce château se trouvaient une chapelle, le logis du roi et une grande salle.

LA TOUR VERS LES CHAMPS.

Des remparts, flanqués de sept tours de différentes grandeurs, défendaient le manoir qui fut témoin d'un grand nombre d'émeutes civiles, d'injustices et d'emprisonnements onéreux. Les Anglais y eurent des escarmouches au siège de Rouen par Henri V. En 1562, les Calvinistes se rendirent maîtres du château, qu'ils prirent à l'improviste pendant une nuit. C'est dans une de ces tours, la *Tour vers les champs*, que Jeanne d'Arc subit sa longue et cruelle captivité. Ses ruines furent démolies en 1809 et une plaque commémorative, en marbre blanc, que l'on aperçoit à gauche de la rue Jeanne-Darc, en descendant, en indique l'emplacement.

Le donjon actuel, avec son toit en poivrière et ses hourds en bois fut construit en 1205. Il avait été démantelé et fut habilement restauré et reconstitué de nos jours, par l'architecte Démarest. Il est à trois étages éclairés par des meurtrières étroites.

L'épi qui surmonte le comble est l'œuvre de M. Marrou.

Le rez-de-chaussée qui avait été converti en buanderie, forme une salle avec une large et haute cheminée à hotte; on y accède par une petite porte extérieure. Dans l'intérieur des murs, qui ont quatre mètres d'épaisseur, on remarque une canonnière ou réduit, où fut enfermé Pothon de Xaintrailles, un puits qu'alimentait autrefois la source Gaalor, et le groupe imposant d'Antonin Mercié, *Jeanne d'Arc*, modèle en plâtre du monument national exécuté par le maître, pour Domrémy.

L'énergique lorraine, en costume de paysanne, debout, le regard inspiré, dans un superbe élan patriotique, reçoit des mains de la France monarchique, l'épée, qui doit rejeter les Anglais hors du Pays.

La France, drapée dans le manteau fleurdelysé, laisse glisser de ses épaules son armure brisée par la lutte, dans une attitude de grande noblesse lassée.

M. Antonin Mercié a fait don de son modèle au musée de la tour Jeanne-Darc en 1896. Ce superbe groupe avait été envoyé à Rouen pour l'Exposition.

Un escalier en vis, situé au fond de la salle donne accès au premier étage dont la voûte et la cheminée portent les armes de Philippe-Auguste. Près de la fenêtre, à nervures de voûte, sont deux bancs qui forment une *guette*

TOUR JEANNE-DARC.

qui permettait de surveiller la ville, et des dessins grossiers dans l'embrasure.

Le second étage possède une fenêtre dans le même genre, on y voit également des dessins grossiers.

Au troisième étage, sur la droite de l'escalier, existe un étroit réduit à l'usage de cachot avec des dessins et des inscriptions à demi effacés.

C'est dans l'enceinte de ce château que Jeanne d'Arc fut amenée quand, pendant une sortie hors de Compiègne assiégée, elle fut faite prisonnière, le 24 mai 1430, et qu'elle fût livrée à Bedfort, régent du royaume,

LA PLUS ANCIENNE STATUE DE JEANNE DARC
(COLLECTION ODIOT).

par le sire de Luxembourg, en échange d'une somme de dix mille livres.

C'est dans cette tour que le 9 mai 1431, la Pucelle, mise en présence de ses juges devant des instruments de torture, fit cette fière réponse :

« *Vraiement, si vous me deviez faire détraire les membres, si ne vous diroit autre chose et si aucune chose vous en disois-je après, si dirai-je toujours que vous me les auriez fait dire par force.* »

La plate-forme, que recouvre le toit, est disposée pour recevoir des combattants qu'abrite le hourd en bois qui l'environne, et d'où ils pouvaient lancer des projectiles sur les assaillants.

Ce donjon du château de Philippe-Auguste est un des plus anciens monuments de notre architecture militaire. Il a vingt-cinq mètres de hauteur.

Un gardien donne des explications sur tous les faits qui se sont passés dans cette tour et ce n'est pas sans un profond serrement de cœur que l'on quitte les lieux où l'incomparable héroïne endura les plus atroces souffrances et stupéfia ses in-

LA TOUR SAINT-ANDRÉ.

terrogateurs par ses sublimes réponses, que l'histoire a fidèlement rapporté.

***

La tour Saint-André, style ogival du xvie siècle, qui faisait partie d'une église bâtie de 1487 à 1526, supprimée en 1791, convertie en magasin et démolie en 1861, a été mise en lumière lors du percement de la rue Jeanne-Darc. Elle est située à l'angle de cette rue et de la rue aux Ours.

On la répara en 1867, en négligeant de rétablir sa flèche octogone qui avait été enlevée en 1683 par un ouragan. Elle est haute de trente-deux mètres et est ornée à son étage supérieur des statues de saint André, saint Adrien, saint Pierre et saint Jean-Baptiste.

Elle s'élève au milieu d'un petit square, à l'angle duquel on a appliqué, en 1868, la façade en bois sculpté d'une maison du xvie siècle que l'ouverture de la rue Jeanne-Darc a supprimée d'une portion de la rue de la Grosse-Horloge, et qu'on appelait *Maison de Diane de Poitiers.* C'est un spécimen élégant

MAISON RENAISSANCE DU SQUARE SAINT-ANDRÉ.

12

et gracieux de ces anciennes et nombreuses constructions style Renaissance du vieux Rouen, avec ses poutrelles taillées en balustres, ses consoles avec figurines, ses frises à rinceaux. Vivante, elle devait être du plus charmant effet.

De la plate-forme de la tour Saint-André on a une vue des plus pittoresques sur Rouen et les collines qui l'environnent.

.*.

L'église Saint-Vincent, dont on aperçoit l'abside au bas de la rue Jeanne-Darc, un peu plus bas que la tour Saint-André et dont le portail est place Saint-Vincent, a une nef courte avec doubles collatéraux et chœur très large et très élevé du XVIᵉ siècle, soutenu par des arcs-boutants en accolade. Elle est plus remarquable par ses détails que par son ensemble irrégulier et mutilé.

ÉGLISE SAINT-VINCENT
A VOL D'OISEAU.

Au-dessus de l'ancienne sacristie, à l'angle sud de l'abside, on voit la statue d'un porteur de sel avec un sac sur l'épaule. Le clocher de cette église, carré sur le transept, date de 1669 ; il est inachevé.

Au portail principal, place Saint-Clément, on voit un porche du XVIᵉ siècle, en avant-corps, avec bas-relief représentant le *Jugement dernier*. Il fut construit par Ambroise Harel.

MAISON, 96, RUE JEANNE-DARC.

Le portail méridional, qui est de 1515, a été restauré par l'architecte Sauvageot. On y voit des portes en bois sculpté, qui proviennent de l'ancienne église Saint-André.

On attribue l'ensemble de cet édifice à Guillaume Touchet.

Cette église qui, depuis le XVᵉ siècle, avait un droit de perception sur le sel apporté à Rouen, a intérieurement une nef principale qui date de la même époque. Le chœur, qui est assez élevé, est du XVIᵉ siècle, c'est le plus beau morceau d'architecture de cette église, mais il a perdu de son caractère par l'application d'attributs et d'ornements dorés qu'y fit de France, au xviiie siècle. On y voit la statue de Saint-Vincent, en bois doré. La chaire est du xve siècle et l'orgue date de 1767.

Saint-Vincent renferme d'admirables vitraux du xvie siècle. Du côté gauche, on remarque dans le pourtour du chœur deux verrières représentant la Vie de Jésus-Christ, jusqu'à la Passion ; dans le collatéral nord, les œuvres de Miséricorde, un précieux vitrail d'Engrand le Prince (1520); saint Jacques, saint Vincent, saint Nicolas, saint Jean Baptiste, sainte Anne, la légende de saint Antoine de Padoue, la légende de saint Pierre et une belle verrière de saint Jean Baptiste, avec la danse de Salomé.

Au-dessus de la porte nord, dans le transept, se voient les attributs de la Passion (1586), et dans le deuxième collatéral nord, un arbre de Jessé qu'on attribue à Arnoult de la Pointe.

Du côté droit, on remarquera la Vierge et les Apôtres, d'après Albert Durer, le pèsement des âmes, un vitrail de toute beauté se composant de trois étages : Adam et Ève dans le Paradis, les mêmes chassés du Paradis et le triomphe de la Vierge.

A signaler aussi deux verrières représentant la Vie de sainte Anne et, dans le déambulatoire, le Martyre de saint Vincent et la Vie du Christ, puis dans la chapelle absidale le Christ en Croix.

Dans la sacristie se trouvent huit tapisseries de haute lisse du xvie siècle, et dans le collatéral nord, une superbe boiserie formant banc, avec panneaux sculptés avec attributs et frise décorative de la Renaissance.

Les Quais
(Rive droite)

Le quai de Paris. — La Porte Guillaume-Lion. — Le quai de la Bourse. — La statue de Boïeldieu. — L'Hôtel de la Douane. — Le quai du Havre. — Le buste de Louis Brune. — Le Pont à transbordeur. — L'église du Sacré-Cœur. — Le Champ-de-Foire aux boissons. — Le Vélodrome. — La Madeleine. — L'Hôtel-Dieu. — L'Eglise Saint-Gervais. — L'Hôpital Lamauve. — Le Cimetière de l'Ouest. — La Gare de l'Ouest. — Le Champ-des-Oiseaux.

Rouen est bordé, le long de la Seine, par une suite de quais qui lui donnent un aspect des plus agréables et des plus mouvementés.

En partant de l'Est nous avons le *quai de Paris* et la *place de la République*, le *quai de la Bourse*, le *quai du Havre*, le *quai du Mont-Riboudet*, que continue l'*avenue du Mont-Riboudet* plantée d'arbres.

Au siècle dernier les portes et les tours étaient encore nombreuses dans la partie de la ceinture de remparts du côté des quais. On compta treize portes, dont les plus importantes étaient la *porte Saint-Eloi* et la *porte du Bac*, très monumentale.

Les moins importantes des portes débouchant vers la Seine étaient constituées par de simples ouvertures pratiquées dans l'épaisseur des remparts.

Les remparts étaient hérissés de tours élevées de distance en distance. En 1410, on en comptait plus de trente sur l'emplacement des remparts compris entre les portes Saint-Hilaire et Cauchoise.

Sur le bord de la Seine se trouvaient les *tours aux Normands* et *aux Galiots* qui servirent de prisons, principalement pendant la Révolution.

Le *quai de Paris* commence au Champ-de-Mars et au boulevard Gambetta. Il porte ce nom depuis 1837. En 1841, on lui avait substitué celui de *quai Napoléon*, en commémoration du passage des cendres de l'Empereur.

Le quai de Paris passe devant la *porte Guillaume-Lion*, qui se trouve sur l'emplacement d'une autre ancienne porte avec fortification.

. LA PORTE GUILLAUME-LION.

C'est la seule subsistante des anciennes portes de la Ville ; elle fut construite en 1747 et elle est couverte d'attributs sculptés par Claude Le Prince, à ses pieds droits et à son fronton triangulaire les armes de France.

Sur une maison voisine on aperçoit encore un bas-relief, qui représente un chien agaçant un lion, et qui faisait partie de l'ancienne tour qui servait de prison, en temps d'épidémie, aux gens peu délicats qui volaient les malades confiés à leurs soins.

Cette porte, d'aspect élégant, donne accès à la rue des Arpens, tortueuse et obscure, une des plus pittoresques de la Ville et qui, on ne s'en douterait pas, était au XVIᵉ siècle une des plus aristocratiques.

On dit qu'elle tire son nom d'un nommé Guillaume-Lion qui, vers la fin du XIVᵉ siècle, avait fait construire près de là une tour fortifiée.

La porte que nous voyons encore fut construite de 1747 à 1749 ; les sculptures sont de style vigoureux et large, et représentent les attributs du Commerce, de la Navigation et de la Guerre.

Le quai passe ensuite devant la rue du Bac, dans laquelle on remarque d'anciennes maisons en pierre, du XVIIIᵉ siècle, principalement aux nᵒˢ 28 et 30 ; il arrive à la place de la République, en face le pont Corneille, et se termine au pont Boïeldieu et au Théâtre-des-Arts.

Le *quai de la Bourse* fait suite au quai de Paris ; il se prolonge du pont Boïeldieu à la douane, son nom date d'août 1837.

On y remarque le Théâtre-des-Arts, la Bourse, l'Hôtel d'Angleterre, et les principaux restaurants et cafés de Rouen.

Sur ce quai, qui est très fréquenté par les promeneurs, se trouve le *cours Boïeldieu* planté d'arbres, qui s'appelait, jusqu'en 1839, *Petite Provence*, pour sa situation avantageuse.

On y voit la statue de Boïeldieu, le célèbre auteur de la *Dame-Blanche*, et de tant d'autres œuvres charmantes qui se dresse à l'extrémité de la promenade qui fut asphaltée en 1856.

Le grand compositeur est assis dans un fauteuil, sur un piédestal carré, entouré d'une grille; un cartouche en bronze, offert par le personnel du Théâtre-des-Arts, rappelle le centenaire de Boïeldieu.

Cette statue en bronze, due au ciseau de Dantan le jeune, a été élevée, le 30 juin 1839, aux frais de la ville, à la suite d'une délibération du Conseil municipal, en date du 6 décembre 1835.

.*.

L'Hôtel de la Douane, qui a remplacé le bâtiment de *l'Ancienne Romaine*, présente, du côté du quai de la Bourse, une façade remarquable. La grande porte d'entrée avec voussure et le couronnement de l'édifice sont décorés par des attributs du Commerce.

Au milieu de la façade, deux grands bas-reliefs en pierre, œuvre de David d'Angers, représentent les Génies du Commerce et de la Navigation.

Intérieurement se trouve une vaste cour octogonale à coupole vitrée et un très beau haut-relief de Coustou : le Commerce, en marbre blanc.

Cet édifice fut construit de 1835 à 1838, par l'architecte Isabelle.

Derrière la douane est *l'entrepôt réel* dont la façade est de 1836.

.*.

En face de la Douane, sur le *quai du Havre*, qui fait suite au quai de la Bourse, à la descente de la *Cale Saint-Eloi*, se trouve le buste de

LA STATUE DE BOIELDIEU.

Louis Brune, qui fut élevé en 1887, à la mémoire du courageux sauveteur rouennais, né en 1807 et mort en 1843.

Ce buste en bronze, monté sur un piédestal de pierre est du sculpteur F. Devaux et de l'architecte J. Adeline. Il fut érigé sur l'initiative de la Société des Sauveteurs Rouennais, médaillés de l'Etat.

LE BUSTE DE LOUIS BRUNE.

Il y a peu d'hommes dont le nom soit aussi populaire que celui de Louis Brune. Notre dessin montre la vigoureuse figure du sauveteur, encadrée de deux vignettes qui représentent l'ensemble du monument et un épisode de la vie de Brune, le sauvetage des époux Bentabole.

Quand Louis Brune mourut à l'âge de trente-six ans, à la suite d'un accident, il avait sauvé soixante-trois personnes et avait reçu les plus hautes récompenses dues à la valeur et au courage civique.

Le quai du Havre est limité, d'un côté, par la rue Herbière et, de l'autre, par le boulevard Cauchoise.

ANCIENNE MORGUE.

C'est au bas du boulevard Cauchoise que se trouvait l'ancienne morgue, qui avait été installée, vers 1856, dans un des anciens corps de garde établi sur le quai au bas du boulevard Cauchoise, en 1826. C'était un bâtiment à fronton triangulaire, supporté par quatre lourdes colonnes; les salles d'exposition et le logement du gardien se trouvaient dans une annexe en briques.

ESCALIER EXTÉRIEUR RUE HARANGUERIE.

La morgue se trouve actuellement à l'extrémité du quai de Lesseps.

Les amateurs de vieilles maisons pourront, en passant quai du Havre, entrer dans la rue Haranguerie, ils y verront une maison du xviie siècle avec bandeaux sculptés et lucarnes, et à l'angle de la rue des Charrettes une autre maison avec escalier extérieur d'un curieux effet. Cette maison que des démolitions ont mis jour ne présente aucun caractère historique.

Le pont à transbordeur, construit en 1898-1899 par M. Arnodin en bas du boulevard Cauchoise, est à soixante-dix mètres dans l'espace; c'est le premier travail de ce genre installé en France.

Sur ce pont suspendu, qui permet le passage au navire le plus haut mâté, est

13

placée une voie ferrée soutenue par deux pylones, sur les rails de laquelle circule un chariot mû électriquement. Une plate-forme dont le niveau coïncide avec celui des quais de chaque rive du fleuve est attachée à ce chariot au moyen de câbles puissants, et cette espèce de nacelle traverse la Seine en une minute, transportant avec commodité voyageurs et voitures du boulevard Cauchoise à la rue Jean-Rondeaux, et *vice versa*.

LE PONT A TRANSBORDEUR PENDANT LES TRAVAUX.

Le *quai du Mont-Riboudet*, qui fait suite au quai du Havre, commence au boulevard Cauchoise et est continué par l'avenue du Mont-Riboudet, tandis que, faisant une courbe, se poursuit le long du fleuve le quai de Boisguilbert, qui se dirige vers Dieppedalle.

L'avenue du Mont-Riboudet est située sur l'emplacement d'un ancien marais. C'est maintenant la route d'entrée à Rouen des chemins du Havre et de Dieppe. Elle est bordée d'une quadruple rangée d'ormes.

L'*église du Sacré-Cœur*, édifice moderne en pierre, dans le style du XIIIᵉ siècle, est située à l'extrémité de l'avenue du Mont-Riboudet.

C'est également sur cette avenue, près de l'avenue Pasteur, que se trouve le Champ-de-Foire aux boissons. Précédemment il se tenait sur le quai de Paris où se trouvaient, jusqu'en 1782, les marchands de cidre.

Il fut installé à l'endroit qu'il occupe actuellement par l'intendant de Crosne et cédé à la Ville en 1883, sous la réserve qu'elle n'y élèverait pas de bâtiment de plus de dix pieds de hauteur. Cette servitude, qui a été rachetée par la Ville il y a quelques années, avait pour but de ne pas intercepter l'air des malades de l'Hôtel-Dieu.

LE PONT A TRANSBORDEUR.

Si de l'avenue du Mont-Riboudet on se dirige sur la route de Canteleu, on arrive bientôt, un peu après la barrière du Havre, au Vélodrome qui possède d'élégantes tribunes, ainsi qu'un casino avec salle de concert.

Le Vélodrome est une vaste piste à l'entour d'un lac. On y fait pendant l'été des courses vélocipédiques, des courses pédestres et des fêtes de tous genres, ainsi que des fêtes de nuit avec lumière électrique. En hiver on patine sur le lac.

.*.

L'église Sainte-Madeleine s'élève place de la Madeleine, près de l'Hôtel-Dieu, au haut de l'avenue Pasteur ; on l'aperçoit aussi au bas de l'avenue du Mont-Riboudet.

Elle est élégante, à coupole hémisphérique, dans le style des basiliques romaines, et fut édifiée tout d'abord pour l'usage particulier de l'Hôtel Dieu, au xviiie siècle, d'après les plans et dessins de Le Brument. Commencée en 1767 elle fut terminée le 7 avril 1781.

La décoration de la Madeleine est due au ciseau de Jadoulle. Ce modeste édifice se distingue à la fois par la noblesse de son architecture et la grâce de ses ornements.

La façade qui se présente au Sud se compose d'un péristile soutenu par quatre colonnes corinthiennes. Dans le fronton, au-dessus de l'entablement est un bas-relief représentant une femme allaitant des enfants, symbole de la charité

L'édifice se compose intérieurement d'une nef soutenue par des arcades à chapiteaux corinthiens et de deux collatéraux. A l'extrémité supérieure de la nef s'élève un dôme en plein cintre, surmonté extérieurement par un obélisque supportant un globe.

Cette église possède plusieurs tableaux de prix dûs à Vincent, peintre de l'Ecole française. On estime particulièrement les deux tableaux au fond des collatéraux, celui de droite représentant *La Guérison de l'Aveugle*, celui de gauche *La Guérison du Paralytique*.

On y remarque aussi des vitraux modernes et *La Conversion de saint Paul* par Restout, ainsi qu'une tapisserie des Flandres de trois mètres de haut, qui est du xvie siècle et représente *Ganelon trahissant Charlemagne*.

Derrière le maître-autel, séparée par une grille, est la chapelle des religieuses de l'Hôtel-Dieu.

.*.

L'Hôtel-Dieu, rue de Lecat, à l'extrémité ouest de la rue de Crosne où est situé le Quartier-Général, remonte en partie à 1649. Il était situé au moyen âge près de la Cathédrale et s'appelait Hôpital de la Madeleine.

C'est en 1758 qu'il fut transporté dans les bâtiments actuels. Il se composait alors de deux bâtiments : les hôpitaux Saint-Roch et Saint-Louis, construits par l'architecte Fontaine, avec cours et jardins.

C'est dans un des pavillons de cet établissement, qu'en 1821, naquit le littérateur Gustave Flaubert, ainsi que le rappelle une plaque commémorative placée par la Société des Amis des monuments rouennais.

L'Hôtel-Dieu comprend dix-sept salles qui ne comportent pas moins de sept cents lits. Une salle spéciale reçoit les militaires, une autre est réservée aux femmes en couche.

Cet établissement est exclusivement réservé aux habitants de Rouen, et le séjour des malades ne peut excéder six mois. Ce terme expiré, leurs maladies sont déclarées incurables, et ils sont transférés à l'Hospice-Général s'ils comptent au moins dix ans de séjour dans la Ville.

.

L'Eglise Saint-Gervais, qui se trouve sur la place de ce nom et la rue Chasselièvre, a été refaite de 1872 à 1874 dans le style roman du xiᵉ siècle. Elle a remplacé l'église où fut exposé le corps de Guillaume-le-Conquérant, en attendant qu'on le transportât à l'abbaye de la Sainte-Trinité de Caen, église qui avait été construite à l'endroit où l'archevêque saint Victrice plaça, dans une chapelle, les restes de saint Gervais donnés par saint Ambroise.

L'église actuelle se compose d'une nef avec deux collatéraux.

A droite du portail s'élève une tour romane terminée par une flèche.

A l'intérieur, l'abside est décorée de fresques et de divers ornements. On voit plusieurs peintures décoratives de Savinien-Petit, mais le plus intéressant à visiter est une crypte souterraine gallo-romaine, unique monument que nous possédions de cette époque primitive. Elle est sous le chœur ; on y descend par un escalier en pierre de vingt-huit marches. Dans le pourtour se trouve un banc de pierre et à l'extrémité deux arcades où sont les tombeaux de saint Mellon, mort en 313, et saint Avitien, mort en 325, anciens archevêques de Rouen.

Le *Prieuré de Saint-Gervais* était autrefois détaché de Rouen. Au commencement du siècle, c'était un fertile quartier de jardins et de maraîchers. Ces derniers au xviiiᵉ siècle occupaient tout le bas du coteau Saint-Gervais ; ils en furent délogés par les travaux qu'entreprit l'intendant M. de Crosne pour la création d'un nouveau quartier.

.

L'Hôpital Lamauve, 101, rue du Renard, fut fondé en 1820 par un médecin de ce nom, en faveur des malades protestants.

Non loin de la rue du Renard, à l'extrémité de la rue Chasselièvre, s'étend le

Cimetière de l'Ouest, ouvert en 1883 pour les paroisses Saint-Gervais, Sainte-Madeleine, Saint-Romain, Saint-Godard, Saint-Patrice et Saint-Vincent.

La Société du « Souvenir Français » a érigé en 1896 un monument aux soldats de la garnison décédés à Rouen.

L'ancien cimetière Saint-Gervais reste provisoirement ouvert aux familles qui ont des sépultures.

* *

L'Eglise Saint-Romain, de médiocre architecture, qui s'élève près de la gare de la rue Verte, rue de la Rochefoucault, date de 1680. Elle appartenait jusqu'en 1802 à une colonie des Carmes déchaussés, établis à Rouen en 1638, et c'est depuis cette époque qu'elle sert d'église paroissiale.

UN HÔTEL PARTICULIER, 44, RUE VERTE.

Son petit clocher, en forme de lanterne vitrée, fut remplacé en 1805 par un autre clocher, qui lui-même a fait place à un clocher en zinc, très ouvragé, œuvre du ferronnier Marrou.

Cette église possède de beaux vitraux du xvi° siècle, qui proviennent de plusieurs autres églises aujourd'hui détruites. Le couvercle des fonds baptismaux en bois, décoré de bas-reliefs, qui date de 1500, faisait partie des fonts de Saint-Etienne-des-Tonneliers.

Le nouveau maître-autel est en bronze et onyx.

Dans une chapelle, à gauche, est la statue de saint Louis et un bas-relief.

SOURCE GAALOR.

Dans la *rue Pouchet*, ainsi nommée en l'honneur de Louis-Ezéchias Pouchet, introducteur en France de la filature du coton ; on voyait il y a quelques années la *Fontaine Gaalor*, petit édicule construit au xvii° siècle dans l'ancienne rue Porcherie.

La source Gaalor est une des plus anciennes et des plus importantes sources qui alimentent Rouen. Son origine est sous une roche située au pied du Mont-aux-Malades.

La gare de la rue Verte, gare de l'Ouest, rive droite, et le chemin de fer de Rouen à Paris datent du 3 mai 1843. Cette énorme entreprise fut achevée en deux années et coûta cinquante millions de francs.

Son inauguration eut lieu en présence du duc de Nemours et du duc de Montpensier.

Dans la rue Verte on remarque de fort jolies habitations particulières, entre autres, le logis du ferronnier Marrou, où le bois et le fer sont mariés avec une habileté rare et une élégance très caractéristique.

La rue Verte conduit au quartier du Champ-des-Oiseaux, qui est un des coins de la banlieue se métamorphosant rapidement depuis l'établissement de la ligne de tramways. L'ancien Clos-Campulley a complètement disparu, il est coupé aujourd'hui par la rue Bouquet ouverte en 1847.

Le *Champ-des-Oiseaux* tient très probablement son nom de ce qu'autrefois on y avait établi le « tir à l'oiseau », où allait s'exercer la milice bourgeoise.

RUE VERTE.

Ce lieu champêtre est surtout fréquenté par les fêteurs du lundi, qui se plaisent sous les verts ombrages des guinguettes : *A mon Oncle de Paris*, *Au Champ-des-Oiseaux*, *A l'Espérance*, où, après avoir bien bu et bien mangé, on écoute sous les tonnelles les chanteurs populaires s'accompagnant d'une guitare ou d'une mandoline.

Dans la rue du Champ-des-Oiseaux, qui est parallèle à la rue Verte et à la rue de l'Avalasse, dans laquelle est né le peintre Géricault, en 1791, est un ancien cimetière protestant qui date de 1786 ; on y remarque aussi quelques vestiges de l'église des Récollets qui fut occupée quelque temps par les dames de la Providence.

AU CHAMP-DES-OISEAUX.

Le Pont Corneille

Le Pont Corneille. — La Statue de Pierre Corneille. — L'île Lacroix. — Le Temple Anglican. — Les Folies-Bergère. — Tivoli. — La Chapelle Saint-Victrice. — La Barbacane. — La Gare Saint-Sever. — Le grand Cours. — L'ancien Prieuré de Grammont. — Les Abattoirs. — Le Port et les Quais de la rive gauche.

Le Pont Corneille, jeté sur la Seine à l'angle nord-ouest de l'Ile Lacroix, forme en quelque sorte deux ponts séparés par l'île et ayant chacun trois arches. Il aboutit sur la rive droite de la Seine, au quai de Paris et à la place de la République et met en communication les deux rives.

Les arches latérales ont vingt-six mètres et l'arche du milieu trente-un mètres d'ouverture.

Il fut construit de 1813 à 1829 par Lamandé et Drapier.

On l'appelait autrefois le *Pont d'Orléans*, puis en 1829 le *Pont-de-Pierre*, nom que beaucoup de rouennais lui conservent encore aujourd'hui.

AU PONT-DE-PIERRE.

Sur le terre-plein du Pont Corneille, faisant face à la rue Centrale de l'Ile Lacroix se dresse la statue en bronze du grand tragique rouennais.

Le piédestal, à revêtement de marbre blanc, fut construit en 1833 et inauguré le 10 septembre de la même année, par Louis-Philippe. Le 19 octobre 1834 eut lieu l'inauguration de la statue élevée par souscription, sur l'initiative de la Société libre d'Emulation. Elle est due au ciseau de David d'Angers, et fut fondue par Henri Gonon. Elle pèse 4.500 kilos et a huit mètres soixante-six de hauteur.

En 1884, une grande manifestation littéraire eut lieu devant cette statue, lors des fêtes du bi-centenaire de Pierre Corneille.

La maquette en plâtre qui avait d'abord été placée dans la salle des Pas-Perdus, au Palais-de-Justice, se trouve aujourd'hui dans la cour d'honneur du Lycée Corneille.

Antérieurement à l'érection de cette statue, il avait été question d'élever à la même place une colonne commémorative de l'expédition du Trocadéro, en 1823.

La statue de Pierre Corneille se trouve au milieu d'un petit square muni d'une grille, avec gazon et corbeilles de fleurs garnis de lierre.

STATUE DE PIERRE CORNEILLE
d'après une eau-forte de E.-H. Langlois représentant
la statue de David d'Angers.

En face est une île assez vaste qu'on appelait jadis *Ile la Mouque*, aujourd'hui *Ile Lacroix* et qui est devenue un grand centre industriel ; on y voit des chantiers de construction de navires, un établissement de bains, l'usine de la Compagnie Européenne du Gaz, établie en 1845. Elle est coupée dans toute sa longueur par la rue Centrale, au n° 38 de laquelle se trouve l'*All Saints Church* ou temple anglican, où tous les dimanches matins se fait un service religieux.

On a également bâti dans cette rue, il y a quelques années, les *Folies-Bergère*, petit théâtre, avec promenoirs, une salle de café mauresque et différentes annexes, où l'on peut fumer.

Ce théâtre qui est très fréquenté a un répertoire d'opérette et de concerts, des ballets et des excentricités. On y joue tous les ans une revue locale qui est très goûtée du public.

C'est aux Folies-Bergère que l'on va secouer le spleen, un peu à cause des horizontales qui circulent dans la foule, en quête du monsieur chic ou pas chic qui paiera un bock ou se montrera plus généreux.

Tout au bout de la rue Centrale est situé un Tivoli, grand restaurant avec salle des fêtes et jardins splendides qu'on appelle le *Château-Baubet* et qui fut ouvert, en 1848, par un ancien régisseur des théâtres de Rouen, dans le but d'y organiser des fêtes.

Deux fois par an, au Mardi-Gras et à la Mi-Carême, la grande salle des fêtes est con-

14

FOLIES-BERGÈRE.— LE PROMENOIR.

vertie en bal paré et travesti, où toute la jeunesse rouennaise qui aime la danse, se donne rendez-vous.

.·.

Dans la rue de l'Industrie, au n° 25 est la chapelle Saint-Victrice, petite église en pierre et brique, avec clocher, dans laquelle se fait un service, le dimanche.

De l'Ile Lacroix, faisant face aux quais de la rive droite, on a un fort joli coup d'œil.

A droite, Bonsecours et les roches crayeuses de la côte Sainte-Catherine ; en face et à gauche, le panorama des quais, avec les flèches ajourées de la Cathédrale, de Saint-Maclou et de Saint-Ouen qui se détachent nettement au milieu de la grande cité ; plus loin, un peu sur la gauche, les hauteurs de Bihorel et du Mont-aux-Malades.

Sur le côté opposé on aperçoit le quartier Saint-Sever, la gare Saint-Sever, le Cours la Reine et les prairies de Sotteville.

Les rives de l'Ile Lacroix sont garnies de chalands et de légères embarcations où les canotiers se donnent rendez-vous dans la belle saison.

THEATRE DES FOLIES-BERGERE

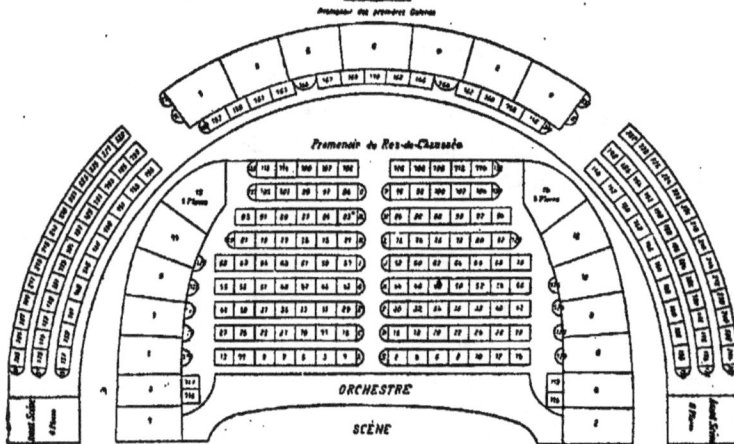

L'Ile Lacroix au commencement du xve siècle, était toute entière à l'état de prairie. Les religieux de Grandmont prétendirent de tout temps à sa propriété, en vertu de leur charte de fondation et de la donation faite par Henri II, roi d'Angleterre, qui abandonnait au couvent toute la propriété depuis le fossé des prairies de Grandmont jusqu'au Pont Mathilde, aujourd'hui Pont Corneille, y compris les îles qui s'y trouvaient.

A la suite des troubles survenus pendant l'occupation anglaise, les rois de France s'étaient appropriés les droits de suzeraineté sur cette.île que l'on désignait alors sous le nom d'*Ile Bras-de-Fer*.

Au xve siècle, les chanoines de l'église collégiale de Sainte-Catherine de Charlemesnil, s'en déclarèrent propriétaires. En 1472, ils la vendirent à Jean de Saintigny et

STATUE DE PIERRE CORNEILLE.

depuis cette époque elle passa entre les mains de nombreux propriétaires et changea plusieurs fois de nom.

D'abord en 1513, à Jean Trubert, puis en 1526, à un sieur Aubry, dont elle prit le nom. En 1565 elle appartenait à un nommé Lepage, puis quatre années plus tard, à un sieur Amette dont elle prit le nom et qui avait acheté l'île Valet qui était voisine. Après sa mort ses héritiers en rendirent aveu au roi, en 1624.

A ce moment, les Jésuites et les religieux de Grandmont revendiquèrent la possession de

LA VILLE, VUE DU PONT-DE-PIERRE.

ces îles, mais ils ne réussirent pas.

En 1738, l'île était appelée indifféremment *Ile Amette* ou *Ile Lacroix*.

Au commencement de ce siècle, l'Ile Lacroix était peu peuplée; elle possédait à peine quelques petites maisons entourées de jardins, auxquelles on arrivait par de petites barques.

Ce nom de Lacroix lui fut donné en souvenir d'une croix qui était placée à l'endroit où se trouve aujourd'hui la statue de Pierre Corneille.

Au xi⁰ siècle existait un pont de bois qui reliait les deux rives de la Seine, sur l'emplacement actuel du Pont Corneille. C'est à l'extrémité de ce pont, sur l'emplacement de la place Lafayette, que l'on construisit, en 1167, la Barbacane, petit fort qui était le quartier d'une garnison qui défendait le Sud de la Ville.

Cette place forte fut assiégée au xi⁰ siècle par Philippe-Auguste qui s'en empara. A partir de ce moment elle ne servit plus que comme porte commune avec pont-levis, sous le nom de Porte-du-Bout-du-Pont, et fut témoin de combats sanglants sous Henri V, roi d'Angleterre, et sous Henri IV, lorsqu'il assiégea et prit Rouen en 1591.

L'ancienne Barbacane fut complètement détruite en 1779.

A gauche du Pont-Corneille, sur le quai d'Elbeuf, est située la gare de l'Ouest (rive gauche), dite gare Saint-Sever, édifiée en pierres et brique dans une cour fermée par une grille.

DANS LE PORT.

La promenade du *Grand-Cours*, ancien *Cours-la-Reine*, qui longe la Seine, près de la gare de l'Ouest, fut créée, en 1650, par le duc de Longueville, dans les dépendances du prieuré de Grammont. En 1672, on entreprit la deuxième partie de cette promenade qui fut entièrement terminée en 1807, et en 1845, on y installa la grille qui fermait jadis la Bourse découverte.

C'est une fort jolie avenue, un peu délaissée depuis quelques années; elle a une longueur de treize cents mètres et une quadruple rangée d'ormes.

Au milieu du Cours est un rond-point, sur l'un des bords duquel, à la revue du 14 juillet, on installe, tous les ans, une tribune d'honneur.

En 1784, au mois de février, comme la Ville manquait de bois, on décida d'abattre les plus grands arbres du Cours. On fit une nouvelle plantation en 1785.

Le 14 juillet 1794, on donna au Cours-la-Reine le nom de *Cours-de-l'Egalité* et on y éleva une statue de la Liberté, depuis on n'a pas cessé d'y donner de grandes fêtes.

Chaque année, en mai et en septembre, a lieu sur le Grand-Cours un concours départemental de pouliches et de poulinières de demi-sang.

LES ABATTOIRS.

A son extrémité, près du pont du chemin de fer, se trouvent les *bains du Galet*, bains froids publics.

Avant l'établissement du Cours, le prieuré de Grammont et, après lui, les Jésuites étaient tenus à l'entretien, le long du fleuve, d'un chemin de halage pour le service de la batellerie.

.•.

Dans l'avenue de Grammont on voit les derniers vestiges du prieuré de Grammont, fondé en 1154 par Henri VI, roi d'Angleterre, pour les Bonshommes, puis occupé en 1592 par les Jésuites et enfin réuni au séminaire de Lisieux. La chapelle qui avait été réédifiée en 1471, fut détruite par les Navarrais et pillée par les Calvinistes.

Les bâtiments furent convertis en magasins à poudre par l'intendant de Crosne, et pour les agrandir, en 1792, on acheta quelques terrains avoisinants.

.•.

Les abattoirs de Rouen se trouvent dans le quartier Saint-Sever. C'est un établissement important, un des plus beaux et des plus complets de ce genre.

Il fut construit en deux années par l'architecte Dommey, à la suite d'un concours

LE COETLOGON DANS LE PORT DE ROUEN.

ouvert à la fin de l'année 1833. Les dépenses, y compris l'achat du terrain, se sont élevées à 970,000 francs, et on estime que le produit annuel n'est pas inférieur à 90,000 francs.

L'architecte a tiré un très heureux parti des mouvements de terrain pour séparer la boucherie de la charcuterie.

L'entrée principale est située rue de Sotteville : une grille entre deux pavillons permet de découvrir une grande partie des bâtiments auxquels on accède facilement par des rues spacieuses et des allées plantées d'arbres.

Les abattoirs ont une superficie totale de sept mille trois cent trente-sept mètres carrés. Les eaux des réservoirs y sont distribuées, et les eaux sales sont conduites à la Seine par des aqueducs et des égouts, qui mesurent six cents mètres de canalisation, et qui permettent de maintenir partout la plus grande propreté.

DANS LE PORT DE ROUEN.

DANS LE PORT DE ROUEN

Le *Marché aux bestiaux* se trouve rue de la Ferme, derrière la gare Saint-Sever. Il a plus de vingt mille mètres carrés de superficie et comprend trois grandes halles couvertes asphaltées et aménagées spécialement pour les bestiaux, ainsi que des bouveries, bergeries et porcheries installées d'après les derniers modèles.

Ce marché a lieu le mardi et le vendredi de chaque semaine.

.*.

Le port de Rouen est des plus importants ; il se divise en bassin maritime d'une superficie de vingt-quatre hectares, en aval du pont Boïeldieu, et en bassin fluvial de onze hectares et demi, en amont.

La profondeur du bassin maritime varie de six à dix mètres, à mer basse, et est accessible aux plus forts navires marchands dont le nombre dépasse cinq mille par an, transportant environ deux millions de tonnes.

Le port de Rouen, qui est relié par des lignes de bateaux à vapeur, avec Bordeaux, l'Algérie, l'Angleterre et l'Espagne, fait également un important trafic avec les pays du Nord et l'Amérique. Il renferme plusieurs bassins particuliers, tels que bassin aux pétroles avec barrages isolateurs, bassin aux bois, et un slip où l'on visite et répare les navires.

En outre des bateaux dits *porteurs* à vapeur, il existe un service de touage dont la chaîne commence à Rouen, et s'étend jusqu'à Conflans où elle se relie à une autre chaîne qui va au-delà de Paris.

L'influence de la marée se fait sentir à vingt kilomètres en amont de la ville, et pendant le flux, le fleuve coule en sens contraire du courant normal.

Les quais de la rive gauche commencent au Grand-Cours par le *quai d'Elbeuf* qui finit à la place Lafayette et est continué par le *quai Saint-Sever* que poursuivent les quais *Cavelier-de-la-Salle* et *Jean-de-Bethencourt* où sont installés les Docks, les Magasins Généraux, les hangars spéciaux, etc.

UN SOLEIL.

Les quais de Rouen ont une longueur de près de cinq kilomètres et les terres-pleins, qui ont trente-cinq hectares, sont traversés par des voies ferrées reliées aux réseaux de l'Ouest et du Nord.

Ils sont desservis par un grand nombre de grues hydrauliques et à vapeur, et par des grues à pontons-flottants.

15

Les quais sont le quartier général des déclassés descendus aux derniers degrés de l'échelle sociale, et qu'à Rouen on appelle pittoresquement les *soleils*.

Ces misérables sont employés au chargement et au déchargement des navires.

Il faut les voir, *les soleils* [aux bras lassés, aux jambes maigres, nonchalamment étendus le long des quais pendant l'heure de repos qui leur est accordée sur quatorze ou quinze heures de travail.

Lorsque sonne la cloche du port, les misérables s'étirent, rajustent les loques hideuses qui leur servent de vêtements et, pleins de résignation, retournent à la lourde tâche, qui leur procure leur maigre pitance et leur permet de satisfaire leurs passions d'alcooliques dans les bars avoisinants où se débite l'ignoble liqueur qui les abrutit et les tue.

A L'ILE LACROIX.

Saint-Sever

La place Lafayette. — L'église Saint-Sever. — La place Carnot. — La gare d'Orléans. — Le marché des Emmurées. — La place et la prison Bonne-Nouvelle. — Les casernes. — Le square Loiselet. — L'Ecole Normale d'Instituteurs. — Le monument J.-B. de la Salle. — L'église Saint-Clément. — Le Jardin-des-Plantes. — Le Champ de courses. — Le stand des Bruyères.

Tout le territoire qui forme le faubourg Saint-Sever s'appelait, au xiᵉ siècle, Emendreville, du nom d'une famille de ce nom, suivant les uns, du nom de sainte Ermantrude, selon les autres, et du mot Minor-Villa, moindre ville, selon d'autres avis.

Pendant l'époque normande, le faubourg d'Emendreville avait déjà des fabriques de poteries.

Saint-Sever, tire son nom du saint dont le corps fut déposé dans une chapelle lors de l'invasion des Normands.

Ce fut à partir du règne de Henri IV, que ce faubourg tendit à devenir le quartier manufacturier de Rouen. Une verrerie royale y fut établie en 1606.

Au milieu du xviᵉ siècle, les Hollandais y fabriquaient des toiles fines, La fabrication de la célèbre faïence de Rouen, avait également lieu à Saint-Sever et, en 1779, elle occupait près de six cents ouvriers; vingt-cinq fours étaient en activité.

Saint-Sever est relié à Rouen par le pont Boïeldieu, qui accède à la place Carnot, et par le pont Corneille qui accède à la place Lafayette. De ces deux places partent les rues Saint-Sever et Lafayette qui traversent tout le faubourg.

∴

La rue Lafayette fut entreprise en 1828, à l'achèvement du pont Corneille. Le nom qu'elle porte lui fut donné en janvier 1831. On la prolongea en 1845, jusqu'en face de l'église Saint-Sever actuelle.

Cette église, sur la place du même nom, est construite sur l'emplacement des premières fondations du bourg d'Emendreville.

Commencée en 1856, elle fut achevée et bénie le 26 mai 1860 et succéda à une petite église qui avait été construite en 1538.

Le style de la construction est emprunté aux modèles italiens du XVIᵉ siècle et à la période de la Renaissance. Construite en pierre et brique, elle est d'une dimension insuffisante pour les besoins d'un faubourg aussi populeux.

LA GARE D'ORLÉANS

À l'intérieur, on voit une pierre de souvenir de J.-B. de la Salle, une pierre dédicace de l'ancienne église (1538) ; une belle peinture de Deshays (1746), ayant changé le nom de Saint-Cassien, qu'elle portait autrefois, contre celui de Saint-Sever. On remarque aussi dans la sacristie, un tableau représentant une confrérie, à genoux.

LE MARCHÉ AUX CHIENS

La place Carnot, à l'extrémité du pont Boïeldieu, est très vaste et bordée d'un côté par la *gare d'Orléans* qui fut terminée en 1896.

Cette gare, dont le mouvement d'arrivée et de départ est de cinquante trains de voyageurs, en moyenne, par jour, se compose d'une construction en pierre portant au milieu un simple rez-de-chaussée et ayant à chacune de ses extrémités un bâtiment ou aile parallèle, avec premier étage. Elle remplace une gare qui, installée provisoirement, ne comportait qu'un simple chalet entièrement en bois.

La gare d'Orléans est raccordée à la gare de l'Ouest, rive gauche, par un viaduc métallique qui suit toute la rue Lemire où est installée l'usine de la Compagnie des Tramways.

Il est question d'élever sur la place Carnot, un buste du Président Carnot, dont elle porte le nom.

C'est sur cette place que se tient le *marché aux chiens*, où les amateurs de caniches peuvent faire leur choix.

Tout à côté, sur le boulevard d'Orléans, qui est de création récente, a lieu chaque vendredi, le *marché aux fourrages*; celui des *fruits à cidre et à poiré* se tient au même endroit les mardi, vendredi et dimanche de chaque semaine.

• ·
·

Dans la rue Saint-Sever, on remarquera un hôtel du xviiie siècle, et le *marché des Emmurées*, qui est un ancien marché aux chevaux, actuellement affecté à la vente des denrées alimentaires. Les marchands sont installés dans une élégante tourelle octogonale.

L'église des Emmurées, qui avait été construite pour la première fois par saint Louis, était un monument remarquable en pierre, d'un style ogival sévère, sans ornements extérieurs. Elle fut dédiée de nouveau en 1479 et restaurée plusieurs fois au xvie siècle.

Le cloître était très curieux aussi, avec ses arcades en ogives avec niches, et ses murs de galeries où se trouvaient des pierres commémoratives portant le nom et l'âge des religieuses enterrées sous les dalles.

MARCHÉ DES EMMURÉES

Pendant la Révolution, l'église des Emmurées fut convertie en magasin à fourrages, puis en écuries pour la cavalerie. Un incendie la détruisit en 1876 et il ne reste plus aujourd'hui que quelques ruines sans formes, qui s'effritent lamentablement.

Le premier établissement pour l'éclairage par le gaz fut créé en 1834, dans une partie de l'emplacement de l'ancien couvent. C'est en 1835, que le gaz commença à remplacer l'huile pour l'éclairage de Rouen.

Dans la rue des Emmurées, qui longe l'usine à gaz, est installée l'*École pratique d'Industrie*.

• ·
·

Sur la *place Bonne-Nouvelle* et rue de la Motte, voici la Maison d'arrêt et de correction, dite *prison Bonne-Nouvelle*, ou nouveau Bicêtre, qui reçoit les condamnés à moins d'un an et les détenus pour dettes.

C'est une construction cellulaire avec murs et chemins de ronde, et belvédère central, qui peut recevoir six à sept cents détenus. Une bonne aération, une parfaite ventilation et une abondante distribution d'eau font de ce bâtiment une prison modèle. Il a nécessité une dépense d'environ deux millions.

C'est sur la place Bonne-Nouvelle, tout près de la prison, que se trouve le lieu des exécutions capitales. Egalement sur cette place et ses environs se tient la *foire Bonne-Nouvelle*, instituée en 1604 par Guillaume le Conquérant, et qui a lieu la veille et le jour de l'Ascension et le dimanche suivant.

POSTE DE POLICE
Ancien fourneau économique, place Saint-Clément.

La *caserne Pélissier*, occupée par l'Infanterie, est située à l'angle de la place et de la rue Bonne-Nouvelle.

Non loin de là, dans la rue de la Mare-aux-Planches, se trouve la *Prison militaire*.

Dans la rue de la Motte on peut voir le *petit Château de la Motte* qui a appartenu aux familles de Vierville, d'Harcourt, et au chirurgien Lecat, en 1746 ; on y voit aussi une vieille grange et un bâtiment du xvi⁰ siècle.

.•.

Le *square Loiselet* qui fut ouvert en 1895, sur une propriété léguée à la ville, donne dans la rue Tous-Vents.

C'est, non loin de là, à l'ancienne verrerie, que Blaise-Pascal fit, en 1646, deux expériences sur le vide.

L'*Ecole Normale d'Instituteurs* est située rue Saint-Julien. C'est une construction moderne en briques, dont le portail est en pierre ; elle occupe l'ancienne chapelle Saint-Yon.

La *caserne Richepanse*, pour la cavalerie, se trouve également dans cette rue, et dans la route de Caen la caserne Duvivier, qui porte le nom du général né à Rouen (1794-1848), et qui est à l'usage des troupes de passage.

.•.

Le monument élevé en 1875, par souscription, à la mémoire de l'Abbé J.-B. de la Salle, fondateur des Frères des Ecoles chrétiennes, se trouve sur la place Saint-Clément.

Il est de forme polygonale, en pierre, avec fontaine, et décoré de sculptures, représentant les Parties du monde symbolysées par des enfants, par Legrain. Dans un bas-relief, on aperçoit *La Salle secourant les malades* et, dans un autre, *Jacques II visitant les Ecoles*.

FONTAINE J.-B. DE LA SALLE

La statue en bronze qui a trois mètres soixante-dix de hauteur et représente La Salle enseignant à un adolescent et à un enfant assis, ainsi que les statues d'angles et les bas-reliefs en tête ont été exécutés par Falguière.

L'ensemble du monument est de l'architecte de Perthes.

Cette œuvre, qui est très remarquable, se trouvait sur la place Carnot. Elle fut transportée, place Saint-Clément, lors des travaux du pont Boïeldieu.

Sur la place Saint-Clément se trouve l'église de ce nom, moderne, dans le style roman, avec fresques représentant la vie de saint Clément, par Dupuy-Delaroche; elle fut bâtie en 1872.

. *.

Le Jardin-des-Plantes était, autrefois, un de ces jardins de banlieue, comme en possédaient plusieurs rouennais aisés. En 1741, il fut acheté par Mᵐᵉ veuve Planterose, qui entreprit de l'embellir. Elle fit édifier la première serre monumentale du jardin, remplacée aujourd'hui par une serre en fer construite par la ville.

Dans l'écusson en fer forgé, qui orne le fronton en ferronnerie ajourée de la porte d'entrée, on lit les initiales M. P. ; ce sont celles de Mᵐᵉ Planterose, née Marye.

Mᵐᵉ Planterose autorisait le public, certains jours, à pénétrer dans sa propriété et à la visiter.

Après sa mort, ses filles la vendirent à un négociant de Rouen, qui la revendit à M. Thillard, lequel tenait un café très à la mode dans les environs du Théâtre-des-Arts.

M. Thillard y organisa des fêtes nombreuses. C'est le 4 juillet 1801 qu'eût lieu l'ouverture du *Trianon* rouennais, qui contenait alors sept hectares de parterres, de jardins, d'avenues, de pièces d'eau, même un moulin. Une grande pièce de terre, qui appartenait jadis aux religieuses des Emmurées, avait été jointe à ce parc.

Ce terrain fut annexé au Jardin-des-Plantes, il y a quelques années.

Trianon était très fréquenté; tous les dimanches on y donnait une fête de jour et une fête de nuit. On y trouvait des divertissements nombreux, de superbes illuminations, des concerts très à la mode, voire même des ascensions de ballon.

En 1811, le gouvernement impérial acheta, moyennant quatre-vingt-dix mille francs, le parc de Trianon, et le général Rampon, qui était comte de l'Empire, vint s'y installer et y donna des fêtes, jusqu'à la débâcle de 1815, où les *Sénatoreries* furent supprimées.

Trianon fut cédé, moyennant une location annuelle de mille six cents francs, à un jardinier anglais qui y installa des bassins et des serres.

C'est en 1832, que la ville acheta, moyennant soixante-quatre mille francs, le domaine de Trianon.

L'aménagement du nouveau jardin botanique et son transfert de l'entrée du cours Dauphin, aujourd'hui avenue de Saint-Paul, demanda plusieurs années. On construisit la belle serre monumentale du fond du jardin, qui se détache au-dessus des escaliers en pierre. Ce ne fut qu'en 1839 que le jardin fût livré au public.

Il a été depuis remanié presque entièrement et agrandi dans de gigantesques proportions. Seuls, les anciens parterres à la française, encadrés par les grandes avenues de marronniers de l'entrée, l'avenue qui longe le *Carré des Jeux* (ancienne allée des veuves), la belle rangée d'ormes qui ombrage la rue d'Elbeuf, et le massif de grands arbres qui abritent la place et le kiosque rappellent les grandes lignes de l'ancien domaine.

LE KIOSQUE (1)   LE « PAPILLON »

L'allée centrale qui a été refaite, lors de la crise cotonnière, par les ouvriers sans travail, est bordée de marronniers. On y voit un vase en fonte, très décoratif, qui faisait partie d'une fontaine du cours Boïeldieu, supprimée en 1868. On y remarque aussi un superbe vase de Sèvres, d'une taille colossale.

De chaque côté de cette avenue, reliés par des vallonnements gracieux, s'étendent de nombreux parterres; du côté des nouvelles serres se trouve un jardin paysager, avec,

(1) Les dessins relatifs au Jardin-des-Plantes et aux Courses sont extraits du *Journal de Rouen*.

çà et là, d'heureux arrangements de feuillages multicolores en massifs; du côté de la Nouvelle-Orangerie encore un arrangement d'idrangeas des plus gracieux. Partout les développements sont très grands, la perspective heureuse et souple, les proportions harmonieuses et justes. De beaux mouvements de terrain et d'excellents nivellements ont changé cet immense espace en un véritable éden, où se dressent les massifs de houx, de rhododendrons, de lauriers du Portugal, des érables panachés, des aucubas du Japon, des fusains, des lauriers thyms, des groupes d'arbustes à feuilles caduques, des troènes et des mahonias, des cannas gigantesques, des sycomores, des pins noirs d'Autriche, des coudriers pourpres; puis encore de superbes mosaïques, entre autres, celles du *Papillon*, et *les armoiries de Rouen*, véritables dessins où toutes les couleurs s'harmonisent dans un heureux arrangement d'*alternantera* verts ou bruns, de *sedums* (mousse à petites fleurs jaunes), de *echaveria* (artichaux gris et minuscules).

Parmi les nombreuses serres, la plus intéressante à visiter se trouve au fond du carré botanique; son dôme en verre a neuf mètres de hauteur. Elle renferme une admirable collection d'arbres exotiques où l'on remarque des lataniers, des chamærops, des ciccas, des cotonniers, caféiers, cannelliers, cannes à sucre, dracœnas.

LES NOUVELLES SERRES

L'AMPHITHÉATRE DE BOTANIQUE

En 1884, on a créé sept serres hollandaises affectées chacune à un genre de plantes différentes; celle qui renferme la collection des orchidées est des plus curieuses à visiter.

Le *Carré*, qui se trouve au milieu du jardin de promenade, est divisé en une série de plates-bandes parallèles et renferme, derrière ses treillages en fer, une importante collection de plantes botaniques, admirablement classées d'après la méthode de Brogniart. On y remarque de belles collections de cactées, de magnoliers, de quinquinas.

Dans le grand bassin central, on voit de belles plantes aquatiques. Ce bassin est alimenté par le réservoir des eaux de Saint-Sever qui se trouve dans l'enceinte du Jardin-des-Plantes.

Ce jardin couvre une superficie de dix hectares et produit chaque année cent trente mille plantes fleuries, dont vingt mille géraniums et quinze mille chrysanthèmes, qui sont les deux plus forts contingents de cette formidable armée de fleurs.

Par son étendue, sa situation en vue des beaux et riants coteaux de la Seine, ses grands arbres, et ses vieilles avenues, il offre une agréable promenade.

Au-dessus du Jardin-des-Plantes se trouve le cimetière Saint-Sever qui fut ouvert en 1855.

Le champ de courses de Rouen est situé à quelques centaines de mètres du Jardin-des-Plantes, aux Bruyères-Saint-Julien.

C'est en 1860 que la Société centrale d'Agriculture tenta une série de courses et cette entreprise réussit si bien, qu'à partir de ce moment se forma la *Société des Courses rouennaises* qui organisa et établit l'hippodrome, dont la prospérité grandit chaque année et dont les réunions sont des plus fréquentées.

Les courses ont lieu tous les ans, le dernier dimanche de juin et le lundi ; ces jours-là, le nombre des piétons est impossible à calculer ; une longue file de véhicules de tout genre

SORTANT DU PESAGE

UNE ARRIVÉE AU POTEAU

donne l'idée du spectacle qu'offre les Champs-Elysées, lors de la course du Grand-Prix, à Longchamp.

Celui qui, dans la rue d'Elbeuf, s'arrête pour voir le défilé des équipages à la fin de la journée des courses, jouit d'un charmant spectacle.

De toutes les fêtes de Rouen, la double journée des courses est celle qui tient le plus aux mœurs et aux habitudes des Rouennais, qui se garderaient bien de partir en vacances, avant cette récréation sportive.

UN DÉPART

Précédemment l'hippodrome avait son siège dans la prairie de Sotteville, située en amont de la ligne que devait décrire le tronçon du chemin de fer destiné à relier le chemin de Paris à Rouen à celui de Rouen au Havre.

La première journée de course, qui eut lieu le 26 août 1843, obtint un grand succès, mais l'année suivante, il n'en fut pas de même, la Société subit un déficit d'une vingtaine de mille francs, ce qui l'empêcha de renouveler l'expérience.

Ainsi disparut le champ de courses de Sotteville qui est avantageusement remplacé par le champ des Bruyères-Saint-Julien, qui comprend douze hectares de terrain réservé pour les pistes et le pesage.

COURSE PLATE

UN SAUT DE HAIES

Du reste, son voisinage de la *Forêt des Sapins*, qui est un lieu de promenade très populaire, suffit à lui amener un supplément de promeneurs qui, après avoir déjeuné sur l'herbe, vont terminer la journée dans la contemplation des exercices équestres devant lesquels personne ne reste indifférent.

Le terrain des Bruyères Saint-Julien, qui mesure environ vingt-deux hectares, sert de champ de manœuvre pour l'infanterie. C'était l'ancien champ de manœuvre pour la cavalerie qui a été transporté à un kilomètre environ du champ de courses, dans la forêt de Rouvray, sur la droite du chemin d'Elbeuf.

.*.

En face le champ de courses se trouve le stand des Bruyères-Saint-Julien, créé par la Société mixte de Tir de Rouen.

Ce champ de tir, admirablement installé, permet d'exécuter des tirs pour les armes de guerre jusqu'à trois cents mètres.

Il est prêté gracieusement aux troupes de la garnison pour exécuter leurs tirs d'instruction.

PIERRE TOMBALE
DE DENIS GASTINEL, JUGE DE JEANNE D'ARC,
dans la Cathédrale.

Saint-Maclou

L'église Saint-Maclou. — La fontaine Saint-Maclou. — L'aître Saint-Maclou. — Vieilles rues. — La fontaine et l'église des Augustins. — La place Saint-Marc. — La caserne Jeanne-Darc. — Le clos des Parcheminiers. — Le Champ de Mars. — L'ancien marais du Pré-au-Loup. — Le Cours Saint-Paul. — L'église Saint-Paul. — Le Pont-aux-Anglais. — Le cimetière du Mont-Gargan. — L'église de la Chartreuse.

La place Barthélemy se trouve en face l'Archevêché, dans la rue de la République; elle porte le nom de l'architecte Barthélemy (1799-1882).

C'est sur cette place que se dresse l'église Saint-Maclou, une des plus curieuses et des plus riches de la cité, charmant modèle du style gothique fleuri.

Cet édifice, incendié en 1203 et en 1211, fut reconstruit sur des proportions beaucoup plus vastes, avec le produit des indulgences accordées en 1453 et en 1500, et grâce aussi aux libéralités des deux cardinaux d'Amboise, dont le second le consacra en 1521.

C'est Pierre Robin qui, en 1433, commença à le construire, puis les travaux furent continués par Ambroise Harel et Jacques Le Roux.

Son clocher, construit par Martin Desperrois, était en bois et plomb, mais il fut rasé vers 1794 et remplacé, en 1868, par une flèche en pierre que Barthélemy père acheva en 1870. Sa hauteur est de quatre-vingt-huit mètres.

Saint-Maclou a un grand portail, un peu convexe, précédé d'un porche à cinq pans, avec gâbles et galeries d'un enchevêtrement original et d'une décoration remarquable, légère et délicate.

SAINT-MACLOU. — PORTE RUE MARTAINVILLE.

Ce portail abrite cinq portes, dont quatre seulement sont accessibles. Deux d'entre-elles sont remarquables par leurs vantaux.

Sur celle du centre, on voit le *Jugement dernier*, superbe bas-relief qui la surmonte. Le panneau est richement sculpté.

L'église mesure intérieurement quarante-six mètres de long, sur vingt-quatre de large. Elle possède d'assez curieux vitraux de la Renaissance, malheureusement mutilés et qui offrent généralement des images de saints couronnés de dais. On remarque, appliquées sur les colonnes du chœur, des boiseries du xviii° siècle d'un certain mérite, mais qui ne s'harmonisent pas d'une façon heureuse avec le style de l'architecture. De même, la chaire dont les panneaux sculptés représentent la parabole du *Semeur*.

Le buffet d'orgues soutenu par des colonnes en marbre noir, avec chapiteaux en marbre blanc, dont Jean Goujon fit le dessin, est accessible par un remarquable escalier en pierre ajouré, de style ogival, tournant agréablement sur lui-même, qui fut construit de 1518 à 1520 et est attribué à P. Grégoire.

La *Chapelle Notre-Dame* possède quatre superbes confessionnaux du xvii° siècle. A signaler aussi dans une autre chapelle, un tableau qui est attribué à Murillo.

ÉGLISE SAINT-MACLOU.

Ce qui excite le plus l'admiration, est assurément la richesse des portes en bois sculpté, qu'on attribue, sans preuves absolues, à Jean Goujon et qui sont incomparables de pureté, dans leur vigoureuse élégance.

La *porte centrale* est munie de deux médaillons : la *Circoncision* et le *Baptême du Christ*, surmontés chacun d'un Dieu le père, avant et après la création. A côté, sont plusieurs figures de la Loi ancienne : Hénoch, Elie, Moïse, Gédéon, et sur l'entablement : la Paix, la Justice, la Foi et la Charité.

La *porte des Fonts*, à gauche, est sculptée en dedans et en dehors; elle représente la *Parabole du Bon Pasteur* avec plusieurs personnages et des figures de femmes allégorisant les saisons; c'est un travail de toute beauté. Sur les côtés de cette porte on voit Melchissédech et Aaron, saint Pierre et saint Paul, dans un superbe panneau dormant qui est l'œuvre de Jean Goujon.

La *porte sur le côté nord*, qui donne rue Martainville, a un pilier central avec colonne torse, portant la statue de la Vierge, ainsi que des médaillons de l'*Arche d'Alliance* et de la *Mort de la Vierge*, tandis que sur l'entablement, on voit saint Jean et six autres saints. Dans des médaillons carrés, sont le *Buisson ardent* et le *Christ*.

C'est dans cette église, qu'on appelait autrefois « Fille aînée de l'Archevêque », qu'on conservait les saintes huiles qui étaient distribuées aux autres paroisses. Du reste, dans les grandes processions, elle marchait toujours en tête. Longtemps aussi, on donna la confirmation à Saint-Maclou, tandis que les enfants des autres paroisses la recevaient à la Cathédrale.

Saint-Maclou qui est dédiée à un évêque d'Aleth, mort en 565, est, après la Cathédrale et Saint-Ouen, la plus jolie des églises de Rouen et le meilleur modèle d'architecture.

La sacristie, qui est de style Renaissance, fut construite aux frais de M. Aug. Dutuit.

PORTE DE SAINT-MACLOU.

A l'angle nord de la façade de Saint-Maclou, au coin de la rue Martainville, on voit une fontaine de la Renaissance, très dégradée et privée de deux amours sculptés par Jean Goujon, flanquant un cartouche décoré de fruits et de mascarons, et qui projetaient l'eau de la même manière que le fameux Mannekenpiss de Bruxelles.

Cette fontaine était alimentée autrefois par l'eau de la source de Darnétal.

En suivant la rue Martainville, qui commence à la place Barthélemy, longeant Saint-Maclou à gauche et se prolongeant jusqu'au boulevard Gambetta, on voit, au n° 188, une porte cochère de médiocre apparence, avec couloir, qui donne entrée dans une cour très vaste, entourée de galeries en bois, décorées de pelles, pioches, ossements, crânes, sabliers et autres attributs funéraires, soutenus par des colonnes de pierre à chapiteaux historiés, dont les sculptures, dans leur ensemble, figurent la *Danse macabre*.

Il y avait autrefois cinquante-six statuettes, représentant des souverains, des pontifes et autres grands personnages.

On reconnaît encore, avec certaines difficultés, Adam et Eve tentés par le serpent, sous la forme d'une femme dont le torse se termine en queue de serpent.

17

C'est l'ancien cimetière de la paroisse, avant 1790, qu'on appelait *l'aître Saint-Maclou.*

Les galeries, qui sont d'un style Renaissance très avancé pour l'époque, furent exécutées de 1526 à 1533, sauf le côté sud qui date de 1640. Les galeries de ce côté, la plupart inachevées, n'offrent pas la même délicatesse, ni la même perfection des trois autres galeries dont on attribue la plupart des sujets à Denis Lesclin, qui était un des plus forts imagiers de son temps.

Sous la galerie ouest, on voit des pierres tombales. Une petite porte donne sur la rue Géricault.

La rue Martainville, une des plus populaires de Rouen, conserve plusieurs maisons des xvi⁰ et xvii⁰ siècles, et une maison du xviii⁰ siècle avec statuette de la Vierge sous un dais.

Si l'on veut avoir une idée de ce qu'était Rouen il y a environ trois cents ans, il faut parcourir les rues et les ruelles qui entourent, d'une façon très pittoresque, l'église et l'aître Saint-Maclou.

« La rue Damiette, — dit M. Ernest Morel, à qui nous empruntons ces détails, — que le populaire a appelé longtemps et appelle quelquefois encore rue « de la Miette », est une des plus anciennes rues de Rouen et son nom figure dans une foule de documents publics et privés, orthographié Damyette, de Damiette et même de la Miette, car l'usage est souvent plus fort que les étymologies ou les origines des mots.

LA RUE DAMIETTE.

ANCIENNE MAISON RUE DAMIETTE.

On pense que son nom lui fut donné en mémoire de la croisade de saint Louis en Egypte et de la captivité de ce roi, qui fut fait prisonnier à la bataille de Mansourah, près

Damiette, et gardé captif dans cette ville, mais ce n'est qu'une hypothèse, et la véritable origine de la désignation de cette rue n'est pas fixée.

La rue Damiette est demeurée une des plus pittoresques de notre ville ; elle est encore riche en vieilles maisons à pignon et à étages en surplomb ; toutefois, elle n'offrirait aucun intérêt à l'archéologue, si on ne trouvait, vers son milieu, au fond d'une cour spacieuse, un merveilleux hôtel du commencement du xviie siècle, qui est un pur bijou.

Dans son prolongement, sur la place des ponts de Robec, deux portes à tympans sculptés ont été restaurées ; ces portes font partie de la maison occupée par M. Horlaville et offrent un curieux spécimen de l'ornementation des constructions civiles au xve siècle. Une maison avec portes analogues existait autrefois, plus bas dans la rue. Elle a été rendue célèbre par une lithographie, aujourd'hui très rare, publiée croyons-nous, par le journal le *Frondeur*.

Dans l'axe de la rue Damiette se dresse, au-dessus du portail sud, la tour de l'abbatiale de Saint-Ouen, merveille d'architecture gothique de la fin de la période, que termine la fameuse couronne ducale de Normandie dont la dentelle de pierre se profile sur le ciel avec des délicatesses arachnéennes ; cette tour forme avec les vieilles maisons de la rue un ensemble qui fait la joie des peintres... et aussi des photographes. »

Dans la rue Damiette on voit des maisons à frises grotesques du xvie siècle, dont le curieux hôtel de Senneville, où mourut le chancelier d'Angleterre. Il est du xvie siècle et fut remanié au xviiie siècle. Dans la cour intérieure on voit un fronton avec statues.

Dans la *rue Eugène-Dutuit*, qui longe l'église Saint-Maclou sur la droite et va rejoindre la rue Martainville, on remarque une ancienne maison à pans de bois sculptés. Cette maison, qui se trouvait précédemment dans la rue Malpalu, a été reconstruite à cette place ; elle sert de salle pour le catéchisme. A côté, on voit le presbytère, maison gothique moderne.

La *rue Malpalu* conserve plusieurs maisons des xvie et xviie siècles, et des portes à caissons Louis XIII.

De la rue Malpalu, part la *rue Louis-Brune* qui aboutit à la rue Molière et dans laquelle on voit une très curieuse maison en bois, datant du xvie siècle, du style Henri II, appelée *Four banal*, et restaurée depuis quelques années.

Du côté de la Seine, l'ancien quartier Martainville a été assaini par la création de la rue Alsace-Lorraine et la suppression de l'ancien *Clos Saint-Marc*. De ce côté on voit, dans la *rue des Arpents*, une maison en pans de bois sculptés, d'un aspect très curieux, qu'on appelle la *Maison des Allumeurs de gaz*.

Rue des Augustins, à côté de la Manutention militaire, se trouve la *fontaine des Augustins* en niche, avec sculptures à congélations ; elle date du xviiie siècle.

L'église des Augustins donne rue de la République, à l'entrée de la rue Malpalu. Elle possède de larges fenêtres carrées à réseaux gothiques que l'on peut voir en pénétrant dans l'Hôtel des Augustins (anciens bâtiments du couvent), 44, rue des Augustins.

Le portail, qui est dans la rue de la République, est du xviiie siècle, à colonnes engagées et fronton.

La *rue Armand-Carrel*, qui commence au quai de Paris et se termine place Saint-Vivien, après avoir traversé la place Saint-Marc, est une des belles artères de la ville. Elle fut ouverte en 1844, sur l'emplacement de l'ancien Jardin-des-Plantes. On l'appela d'abord rue de Joinville en souvenir du passage des cendres de Napoléon Ier, en 1840. En 1848, elle prit le nom d'Armand Carrel, le célèbre publiciste, né à Rouen, dont la statue se trouve à l'intersection de la rue Jeanne-Darc et du boulevard de ce nom.

La place Saint-Marc est très vaste et remplace l'ancien clos Saint-Marc où se tenait un marché d'approvisionnement, de vieux meubles et de toutes sortes de marchandises.

Lors des travaux d'assainissement entrepris dans le quartier Martainville, il fut considérablement agrandi.

Une partie de la place est occupée par deux pavillons modernes en fer et verre, sur terre-plein asphalté. Les articles de ménage et les produits alimentaires se tiennent dans le pavillon Est, les vêtements, chaussures, objets de toilette, etc., dans le pavillon Ouest. Sur le carreau sont les objets d'occasion de toute sorte.

SUR LE CARREAU PLACE SAINT-MARC.

Sur le boulevard Gambetta, faisant face à l'esplanade du Champ-de-Mars, s'élève la caserne Jeanne-Darc, appelée autrefois caserne Martainville, qui s'appuie sur les anciens remparts de la ville, longeant la rue des Remparts-Martainville.

C'est un grand bâtiment en pierre, d'une régularité nue, avec pavillon central portant à son fronton une inscription indiquant la date de sa construction : *Ludovicus XVI, anno Domini M. DCC. LXXVI, etc.*

Cette caserne qui est occupée par l'infanterie, fut édifiée en 1776 par l'intendant de Crosne ; elle est accotée, à ses deux extrémités, de deux pavillons parallèles, qui y furent ajoutés en 1784.

Devant l'édifice, une large cour bordée d'une grille, où se dressent plusieurs bâtiments annexes qui sont modernes.

La rivière l'Aubette passait autrefois devant cette cour qui était fermée d'un parapet. Elle y passe toujours, mais dans des conduits souterrains.

Cette partie du quartier Martainville a subi une importante métamorphose depuis quelques années. Il est habité par une vaillante population ouvrière, et il offre encore aux curieux, de vieilles constructions originales. Qui ne se souvient de l'ancien *clos des Parcheminiers* qui se trouve aujourd'hui dans la rue Ambroise-Fleury, et qui avait l'aspect d'une vraie cour des miracles, avec les installations de ses marchands de bric-à-brac.

.˙.

Le lieu où s'élève actuellement la place du Champ-de-Mars, sur lequel est construite la caserne Jeanne-Darc, était jadis un vaste marais, rempli de joncs et de roseaux. Il s'étendait depuis la côte Sainte-Catherine jusqu'aux anciens remparts de la ville. Au sud, il était baigné par la Seine et embrassait tout l'espace occupé aujourd'hui par le quartier et le faubourg Martainville, sillonné en tous sens par les bras fangeux de l'Aubette et du Robec.

On l'appelait alors le *Vivier-de-Martainville* ou *Malpalu*, du latin *mala palus*, mauvais marais.

Plus tard, par suite du recul des fortifications, il fut divisé en deux parties, la *Maréquérie* et le *Pré-au-Loup*. D'aucuns prétendent que ce dernier nom lui avait été donné parce que, au temps où les forêts confinaient à la ville, les loups pourchassés se donnaient rendez-vous dans ce lieu inexpugnable ; une autre version dit que cette appellation provient tout naturellement d'un nommé *Leloup* auquel ce terrain fut fieffé au xvi° siècle.

Ce terrain, souvent submergé par les crues du fleuve, demeura longtemps fangeux et stérile, fré-

CLOS DES PARCHEMINIERS.

quenté seulement par les oiseaux de passage. Ce n'est que dans la deuxième partie du xvii° siècle qu'il fût comblé et desséché. En 1692, une chaussée, reliant les quais à la nouvelle route de Paris, le mit à l'abri des inondations de la Seine. On y fit alors de belles plantations.

L'ensemble de ce gigantesque travail ne fut terminé qu'en 1781, et c'est à partir de ce moment que ce terrain devint le champ d'exercice des troupes d'infanterie et prit le nom de *Champ de Mars*.

LE PRÉ-AUX-LOUPS

C'est sur cette place qui, par son étendue et ses larges débouchés, permettait les grands rassemblements, qu'eurent lieu la plupart des fêtes civiques et des réjouissances populaires.

La chaussée qui porte aujourd'hui le nom de Cours Saint-Paul, et qui fut élevée de 1692 à 1693, à l'aide de remblais considérables provenant de la côte Sainte-Catherine, fut complétée depuis, par la plantation d'une avenue d'arbres qui s'appela successivement *Cours-Dauphin, Cours de l'Egalité* et *Cours de Paris*. Ce fut une des plus agréables promenades de la ville.

Le Cours Saint-Paul conduit à la place de ce nom, et la partie de terrain, qui descend vers la Seine est appelée Pré-au-Loup. C'est en cet endroit que l'on conduit les chevaux à la baignade.

Du Pré-au-Loup on a une belle vue sur la Seine et sur l'île Brouilly sur laquelle passe le pont du chemin de fer, ligne de Paris au Havre.

PONT-AUX-ANGLAIS.

Ce pont en fer est appelé plus fréquemment *Pont-aux-Anglais* parce qu'il fut construit, en 1842, par une Compagnie anglaise.

* * *

Sur la place Saint-Paul, au pied de la côte Sainte-Catherine, l'*Eglise Saint-Paul*, modeste construction, sans aucun intérêt artistique, commencée en 1827, terminée en 1829, a été remplacée par une nouvelle église, dans le style du xıı⁰ siècle et ornée de deux clochers.

Les restes de l'église, précédant ces deux dernières, servent aujourd'hui de sacristie. Malgré leur état de vétusté ils sont un des plus curieux monuments de Rouen.

On prétend que cette église fut construite sur l'emplacement d'un temple de Mars ou d'Adonis. Le chancel, qui remonte aux premiers temps de l'architecture normande, forme une triple abside romane semi-circulaire dont la division du milieu surpasse les deux autres en hauteur et en largeur. Les fenêtres ont été refaites au xvı⁰ siècle. Au pourtour des murs, sur la corniche extérieure, on voit tout une suite de figures en saillie grimaçantes et grotesques.

A l'intérieur, il y a deux absides latérales.

LA SEINE GELÉE

(Vue prise du Pré-aux-Loups)

* * *

De la place Saint-Paul, en longeant la côte Sainte-Catherine par la rue Henri-Rivière ou du Chemin-Neuf, aux maisons pittoresquement assises à flanc de coteau, on arrive à la rue du Mont-Gargan qui conduit au cimetière de ce nom, ouvert en 1780, et qui est à l'usage des paroisses Saint-Maclou et Saint-Paul.

De la pente très rapide du Mont-Gargan, on jouit d'un merveilleux panorama, dominant les vallées de Saint-Hilaire et de Darnétal, Rouen aux flèches audacieuses et la vallée de la Seine.

Un peu plus loin que la rue du Mont-Gargan, on aperçoit l'*église de la Chartreuse* qui se trouve située dans la rue de la Petite-Chartreuse entre la route de Lyons et la route de Darnétal; elle date du xv⁰ siècle et est délabrée.

Henri V, roi d'Angleterre, séjourna dans cette église lors du siège de Rouen.

Au n° 37, de la rue de Lyons-la-Forêt, on aperçoit la caserne Trupel, qui sert pour les troupes de passage et qui porte le nom du colonel Trupel, né à Yvetot en 1771 et mort en 1850.

La Fontaine de la Crosse

La *rue des Quatre-Vents* tient un peu naturellement son nom de sa situation exposée à tous les vents. Elle s'appela d'abord rue d'Albane, à cause du collège de ce nom, dont l'entrée était rue Saint-Romain, et qui avait été fondé, en 1245, par le duc d'Albe. L'entrée de la superbe *cour d'Albane* de la Cathédrale se trouve dans la rue des Quatre-Vents, ainsi que la porte Renaissance de l'ancien Hôtel des Comptes.

Le promeneur, qui pénètre dans la cour d'Albane, y voit le logis de l'ancienne Maîtrise.

La *rue Saint-Romain*, qui longe l'Archevêché, est sombre, humide et froide; le soleil n'y pénètre qu'à regret, mais la curiosité est attirée par une vieille maison inhabitée avec étages supérieurs avançant sur les inférieurs, et plusieurs autres maisons du XVIIe siècle.

C'est dans la rue Saint-Romain que donne le superbe *portail des Libraires* et sur la cour des Libraires, à gauche, en entrant, les bâtiments de l'*ancienne Officialité* ou Tribunal ecclésiastique, ainsi que les prisons.

La *fontaine Saint-Romain* se compose d'un massif en maçonnerie avec écusson entouré de palmes. Elle est du XVIIIe siècle et est adossée au mur du portail des Libraires.

Dans la rue Saint-Nicolas on voit l'ancien Collège de Darnétal et une maison du XVIIIe siècle, puis, au n° 44, sur une petite place, quelques vestiges de l'ancienne église *Saint-Nicolas-le-Plainteur.*

Cette église, qui avait été construite de 1503 à 1535, était renommée à cause de la beauté de ses vitraux. Elle fut détruite en 1840. Il ne reste plus, aujourd'hui, que des vestiges du portail, encastré dans un mur, et de l'abside, vers l'hôtel Saint-Nicolas.

La Salle des Ventes, pour les commissaires-priseurs, se trouve également dans cette rue qui met en communication la rue des Carmes avec la rue de la République.

.*.

Dans le passage Saint-Amand, près de la rue de la République, on peut visiter l'ancienne abbaye de Saint-Amand.

LOGIS DE L'ANCIENNE MAÎTRISE [1]
(Cour d'Albane).

Au fond, dans le côté nord et dans la cour, se voit une arcature avec tombe du xve siècle et, au sud, un petit bâtiment en pierre du xvie siècle.

Dans la rue Saint-Amand on voit une tourelle et une imposte de ferronnerie du xviiie siècle. Cette curieuse tourelle est un reste de l'ancienne abbaye de Saint-Amand, aujourd'hui presque entièrement disparue et qui était jadis très importante. C'est de cette abbaye que partait tout nouvel archevêque pour sa première entrée dans la Cathédrale. Le clergé au grand complet assistait à cette cérémonie et l'abbesse de Saint-Amand jouissait

----

(1) Les dessins relatifs à l'ancienne et à la nouvelle Maîtrise, aux caves de Loyseleur et au logis de la place de la Rougemare sont extraits du *Journal de Rouen*.

du privilège de passer au doigt de l'archevêque un anneau d'or en disant : « Je vous le donne vivant, vous nous le rendrez mort. »

.•.

De la rue Saint-Amand, en remontant la rue de la Chaîne, on arrive à la place des Carmes et à la rue des Carmes qui tiennent leur nom d'une institution ou couvent des Carmes qui vint s'établir, à Rouen, sur l'emplacement de la place des Carmes et de la rue de la Chaîne, en 1260. Ils y restèrent jusqu'en 1336.

LA SALLE DE LA NOUVELLE MAÎTRISE
Dans l'ancienne Officialité.

C'est sur la place des Carmes que se tient tous les jours le marché aux fleurs, fort bien approvisionné.

Ce marché fut créé, en 1856, sur l'ancien couvent des Carmes où des fouilles amenèrent la découverte d'antiquités romaines ; il se tenait autrefois sur la place de la Cathédrale.

Entre deux grands arbres qui jettent leur ombre bienfaisante sur les boutiques des fleuristes, on voit la *fontaine du marché aux fleurs*, fontaine moderne, en pierre, avec couronnement et bas-relief en bronze représentant deux dauphins.

Sur cette place, on remarque une maison du xvᵉ siècle qui a été remaniée, c'est un ancien logis canonial.

Nicolas Loyseleur, un des juges de Jeanne Darc, habitait la place des Carmes. Nous donnons le dessin des caves de sa maison. Il fut un des plus acharnés et des plus hypocrites

CAVE ROMANE
de la maison de Nicolas Loyseleur, juge de Jeanne d'Arc,
place des Carmes.

CAVE ROMANE
de la maison de Nicolas Loyseleur, juge de Jeanne d'Arc,
place des Carmes.

des juges, et, pour essayer d'arracher quelques secrets à l'héroïne, il lui dit être Lorrain, son compatriote, et se fit passer pour cordonnier. Il avait même endossé un habit court pour donner plus de vraisemblance à cette fraude.

La *rue des Carmes*, une des plus fréquentées et des plus commerçantes de la ville, s'appela d'abord rue Grand-Pont, alors que la porte de ce nom se trouvait dans les environs de la rue du Petit-Salut, aujourd'hui, rue Ampère.

Parallèlement à la rue de la Chaîne, s'étend la rue des Fossés-Louis-VIII, étroite et sale, que longeait la première enceinte romaine de Rothomagus.

* *
*

Au coin de la rue des Carmes et de la rue de l'Hôpital, se trouve la *fontaine de la Crosse*.

Cette fontaine fut construite, en 1482, aux frais des héritiers de l'évêque de Bayeux, Louis d'Harcourt, à la condition que les armes de ce prélat y seraient sculptées.

FONTAINE DE LA CROSSE

Adossée à une maison, elle était surmontée d'une couronne royale et d'une statue de la Vierge, portant l'enfant Jésus, abritée par un dais.

Le temps l'ayant dégradée, elle fut restaurée de nos jours, par le sculpteur Joüan, avec l'adjonction d'une voussure et d'un fond orné de rinceaux, mais on n'y voit plus les armes de Louis d'Harcourt, qui ont été remplacées par un écusson aux armes de France.

VIEILLE MAISON, RUE DES QUATRE-VENTS
démolie en 1898.

TOUR DE L'OFFICIALITÉ

L'architecture de cet édicule, qui tire son nom d'une ancienne enseigne de la maison à laquelle elle est adossée, est pleine de charmants détails.

Au n° 1 de la rue de l'Hôpital, on remarque un hôtel de la Renaissance, très curieux, avec arcades et pilastres à arabesques ; l'entrée de porte est à deux colonnes, avec fronton. On y voit des statuettes représentant des femmes dans une position intéressante, ce qui laisse à comprendre combien, à cette époque, on laissait de liberté aux décorateurs.

.•.

La *rue Ganterie* tient son nom des nombreux établissements de gantiers qui y étaient installés. Au XIIIe siècle, elle s'appelait *rue aux Gantiers* ; vers 1500, elle s'appela la *rue du Fossé-aux-Gantiers*.

C'est une des rues les plus fréquentées. On y voit un hôtel du XVIIIe siècle où séjourna Voltaire, en 1731.

La *rue Beauvoisine*, qui fait suite à la rue Grand-Pont et à la rue des Carmes, était au ve siècle une route qui, partant de la porte Sainte-Apolline, près de la Crosse, conduisait à Beauvais et au pays de Beauvoisis. Elle tient son nom de cette cause.

VIEILLE MAISON DE LA RUE SAINT-ROMAIN

TOURELLE DE L'ABBAYE DE SAINT-AMAND

On y voit un ancien couvent de Visitandines. Il y a environ vingt-cinq ans, on retrouva les cercueils de quelques-unes de leurs supérieures.

La rue Beauvoisine a plusieurs maisons du XVIIe siècle, de nombreuses vieilles portes et l'ancien couvent de Bellefonds. Au n° 10 est l'*Ecole primaire et supérieure professionnelle et ménagère*.

La Trésorerie Générale est située dans la rue de la Seille qui relie la rue Beauvoisine à la place de l'Hôtel-de-Ville.

.•.

C'est sur la place de la Rougemare que se tient le marché aux beurres et œufs. En 1450, cette place devint le marché aux chevaux transporté depuis sur le Boulingrin.

COIN DE LA RUE DU VERT-BUISSON
Avant l'édification de la maison Morel.

Elle tire son nom d'un carnage effroyable qui eut lieu en partie à cet endroit lorsque, en 949, Othon, empereur d'Allemagne, Louis IV d'Outremer, roi de France et Arnold, comte de Flandre, ayant mis le siège devant Rouen, le duc Richard Ier, surnommé Sans-Peur, sortit par la porte Beauvoisine avec sa garnison et tomba sur les assaillants.

L'action fut si vive entre les soldats du roi de France et ceux d'Othon, que le terrain se changea en une mare de sang (rouge-mare).

Sur la place de la Rougemare se trouve l'ancienne église Saint-Louis, avec portail sculpté du xviie siècle. Cette église qui fut bénie en 1683, fut construite par l'architecte Charles Chamois.

Elle faisait partie de l'ancien couvent des Bénédictins de Saint-Louis. A l'intérieur, on y voit des pilastres et médaillons.

On voit encore, à côté de vieux bâtiments de l'ancien monastère des Béguines et des constructions du xviiie siècle. Seul, le groupe de petites maisons qui fait face à la rue du Petit-Porche, a conservé son aspect du vieux-temps, quoique ayant perdu son enseigne amusante : *Truie qui file.*

A côté de ces vieux vestiges du passé, l'œil sera attiré par une construction toute neuve qu'on appelle le *logis de la Rougemare.*

Le logis, à l'angle de la place de la Rougemare et de la rue du Vert-Buisson, est une élégante maison en pans de bois, sculpté et ciselé, aux harmonieuses proportions, à la silhouette pleine d'originalité, qui fait l'admiration de tous les touristes.

Il appartient à M. Charles Morel, sculpteur-menuisier, et se trouve construit à l'endroit où se trouvait un ancien jeu de paume du *Petit-Louvre*, ou des *Filles.*

Couronné par un pignon qui pénètre dans une élégante tourelle de comble, il a un bel élancement de lignes. Les façades de cette construction présentent des styles différents. La principale, qui donne sur la place de la Rougemare, est pleine de caractère avec ses

LOGIS DE LA PLACE DE LA ROUGEMARE
Maison en bois Morel.

encorbellements, sa charpente en bois apparents et un pignon sur rue de style gothique. La façade qui donne sur la rue du Vert-Buisson garnie de fenêtres cintrées, en-

cadrées dans des pilastres avec arabesques, et de lucarnes historiées, est de style Renaissance.

Grâce aux corniches qui relient adroitement les étages, ces styles de différentes
époques ne froissent aucunement le regard. Il y a là de superbes panneaux, des colonnettes
et des pilastres encadrant de belles verrières.

PANNEAU DÉCORATIF RENAISSANCE.

A quelques pas plus loin se trouve la place Beauvoisine, d'où part la route de Neuf-
châtel qui monte vers les hauteurs de Boisguillaume. Cette route ouverte, en 1780, a pris
le nom de la ville à laquelle elle conduit, et qui a la spécialité d'un fromage très apprécié
en Normandie.

SUR LA PLACE DE LA ROUGEMARE
au 14 Juillet.

La Croix-de-Pierre

La rue d'Amiens, percée sous l'empire, traverse le vieux quartier Martainville, parallèlement avec la vieille rue Eau-de-Robec ; elle est prolongée par la rue de Lyons-la-Forêt, qui conduit à Darnétal et où se trouve la caserne Trupel (colonel né à Yvetot, 1771-1850) qui sert pour les troupes de passage.

La place d'Amiens, bordée d'arbres, s'étend devant la caserne Hatry, qui est une construction moderne très élégante, élevée sur l'emplacement de l'ancien noviciat des Jésuites, fondé en 1607 par Isabeau Dumoncel, devenu maison de détention, sous le nom de Bicêtre, en 1776.

Cette caserne, qui est occupée par l'infanterie, porte le nom du général Hatry, né à Strasbourg en 1740, mort en 1802. Elle occupe un vaste espace de terrain situé au centre d'un quartier neuf construit en même temps qu'elle.

C'est un grand bâtiment isolé au milieu de la cour, élevé de trois étages et possédant de nombreuses annexes.

. .

Une des plus anciennes et des plus curieuses rues de Rouen est la *rue Eau-de-Robec*, qui, partant de la place Eau-de-Robec, traverse la place Saint-Vivien, parallèlement à la rue d'Amiens, et se continue jusqu'au boulevard Gambetta.

Elle est bordée de vieilles maisons qui forment un ensemble bizarre, et est partagée en deux, dans toute sa longueur, d'un côté par la chaussée, de l'autre par la petite rivière *le Robec*, canalisée d'abord couverte, puis à ciel ouvert, bordée de maisons surplombant la rivière avec chacune une passerelle ou un pont, avec balustrades et marches d'escaliers, lui donnant l'aspect d'une petite Venise, où on ne sent pas toujours la violette et où on hésiterait à faire le troubadour sous les fenêtres.

LA RUE DU PONT-A-DAME-RENAUDE.

Au n° 134, on voit une salamandre en pierre sculptée, au-dessus de la porte, avec la date de 1601; au n° 186, une façade en pierre avec bas-relief de la fin du XVI° siècle; au n° 223, au premier étage, des sculptures en pierre de l'époque de Louis XIII.

La plupart des maisons ont de hauts greniers ou séchoirs recouverts de grands toits, qui avançaient de plusieurs mètres sur la rue quand les fabricants de toile de coton habitaient les bords du Robec sur un parcours de quatre kilomètres. Les eaux de cette rivière, qui a ses sources à Fontaine-sous-Préaux et à Saint-Martin-du-Vivier, changeaient alors plusieurs fois par jour de teinte, suivant les travaux opérés par les teinturiers de la ville.

Au n° 10 de cette rue pittoresque, non loin de la place Saint-Hilaire, est installée une Maison de santé chirurgicale très renommée.

Place Eau-de-Robec, au n° 6, est une porte en pierre sculptée, datant du XVI° siècle.

Edouard Adam, chimiste (1768), est né au n° 245 de la rue Eau-de-Robec, près de l'église Saint-Ouen.

Tous les dimanches, les brocanteurs étalent leurs marchandises sur tout le parcours de cette rue populaire, coupée de ruelles sales et pittoresques, et de rues mal fréquentées comme la *rue de la Grande-Mesure* aux taudis infects, la *rue du Ruissel* avec ses immondes assommoirs et la *rue de Brutus* avec son passage couvert.

VIEILLE MAISON
qui existait autrefois au coin de la rue
du Gril (Eau-de-Robec).

ANCIEN BICÊTRE — NOVICIAT DES JÉSUITES — CASERNE D'AMIENS

I. Entrée principale de la Caserne d'Amiens — II. Travaux de démolition, en 1886 (vue de la rue Mollien). — III. Chapelle de l'ancien Noviciat (vue latérale). — IV. Sous-sol de la Chapelle.

D'après les documents de la collection Ed. Pelay.

L'église Saint-Vivien, qui est située au coin de la place et de la rue Saint-Vivien, se recommande par l'ancienneté de son origine. C'était tout d'abord une pauvre chapelle en dehors de la ville.

Elle fut construite du xıv° au xvı° siècles et remaniée intérieurement en 1636, et, plus récemment, elle fut rapiécée de toutes sortes d'échantillons d'architecture. Ses trois grandes nefs à pignons se terminent par de larges fenêtres ogivales à lancettes. La voûte de la nef principale, qui est en bois, fut exhaussée en 1636. Son clocher est une pyramide en pierre, d'une coupe sévère, dans des proportions modestes et sans ornements. Le cadran de l'horloge est en bois sculpté, style Henri II ; l'ancienne horloge a été transportée au Musée d'antiquités et remplacée par un carillon.

ÉGLISE SAINT-VIVIEN.

La grande fenêtre à réseau flamboyant, qui donne sur la place, est occupée par une importante verrière, qui représente, en quatre grands panneaux, les principaux épisodes de la vie de saint Vivien.

Elle renferme un retable en marbre avec colonnes supportant des anges, d'une décoration prétentieuse, qui appartenait à l'église des Cordeliers. On attribue aux frères Anguier le buffet d'orgues en bois sculpté.

Dans la chapelle dédiée à saint Mathurin, il se faisait autrefois un pélerinage pour les fous.

Le porche, dans le style du xv° siècle, est moderne, avec tourelles pinacles exécutées par Foucher sur les plans de Lefort, grâce à la générosité de M. Dutuit.

La sacristie se trouve sur le côté sud.

Dans la rue Saint-Vivien est située la *caserne Philippon,* du nom du général né à Rouen.

Cette caserne, occupée par l'infanterie, est

RUELLE DU ROBEC.

RUELLE DU ROBEC.

l'ancien séminaire archiépiscopal, fondé par l'archevêque de Harlay II, en 1658. Pendant la terreur on y enferma les prêtres.

La *fontaine de la Croix-de-Pierre* située sur la place de la Croix-de-Pierre, au carrefour des rues Saint-Hilaire, Saint-Vivien, Edouard-Adam, Orbe et des Capucins, est une fontaine pyramidale gothique à trois étages avec dais et statues; elle remplace une ancienne fontaine qui avait été établie, le 17 août 1515, par le cardinal Georges d'Amboise, qui avait acheté la source du *Roule*, à Darnétal.

Cette ancienne fontaine, en partie détruite en 1562, par les huguenots, ne conserva que sa pyramide; fut réédifiée en 1628, par les catholiques, restaurée en 1774; elle affectait la forme d'une pyramide gothique composée de plusieurs étages superposés et terminée par une croix. Elle fut mutilée en 1792 et on l'orna d'un buste de Marat qui disparut à son tour. On la restaura en 1816 et sa croix fut remplacée ; en 1830, on y plaça le drapeau tricolore qui l'ébranla, puis, on la transporta dans le jardin du Musée d'Antiquités.

La fontaine actuelle est un gracieux monument qui a été remarquablement refait, en 1870, par M. Barthélemy, sur le modèle de l'ancienne fontaine.

Elle tire son nom de *croix de pierre*, de la fantaisie d'un archevêque de Rouen, Gautier, qui, en 1197, était possesseur aux Andelys, d'une côte aride, dont Richard-Cœur-de-Lion s'empara pour y construire sa forteresse de Château-Gaillard. A cette occasion, l'archevêque fit tant de réclamations et ameuta à tel point les habitants des environs que le roi d'Angleterre, lui donna en échange, un autre terrain beaucoup plus considérable et beaucoup plus riche. Pour célébrer son triomphe, l'archevêque fit ériger des croix en de nombreux endroits et la plus importante d'entre elles fut construite en pierre, au carrefour qui forme aujourd'hui la place de la Croix-de-Pierre. Il y fit mettre l'inscription suivante :

LA CROIX DE PIERRE.

TU AS VAINCU, GAUTIER

La rue Saint-Hilaire, qui prolonge la rue Saint-Vivien, à partir de la Croix-de-Pierre, est très populeuse et conserve encore plusieurs maisons des xvi⁰ et xvii⁰ siècles. Elle est reliée à la rue Eau-de-Robec, par beaucoup de ruelles et rues à l'aspect très pittoresque,

comme, par exemple, la *rue du Pont-à-Dame-Renaude*, et elle prend fin à la place qui porte son nom.

La curiosité du touriste sera arrêtée dans la rue Saint-Hilaire par l'*Eglise Saint-François* qui est occupée par le commerce. Elle date du xviiᵉ siècle et son portail, élevé au-dessus des marches, porte une rosace. C'est l'ancienne église conventuelle des Pénitents, qui devint, en 1793, une maison de détention. Occupée ensuite par les Dames du Bon-Pasteur, elle fut habitée après par les Dames des Saints-Anges.

Au n⁰ 66, on aperçoit les derniers vestiges de l'*Eglise Sainte-Claire* du xvᵉ siècle, dont les parties les mieux conservées sont la porte avec un arc à crochets sculptés, et à côté,

ÉGLISE SAINT-HILAIRE.

la fontaine Sainte-Claire ou des Pénitents. Celte fontaine en pierre, formant niche, avec des sculptures dans un misérable état de délabrement, est du xviiiᵉ siècle. Elle appartenait encore en 1769 à l'ancien couvent des Célestins, élevé, ainsi que son église, sous l'ordre de fondation formulé par Jean, duc de Bedford, en 1430.

RUE DE BRUTUS.

L'église Saint-Hilaire qui est située route de Darnétal, près de la place Saint-Hilaire, a été construite, en 1878, par l'architecte Sauvageot. En 1874, lorsqu'on pratiqua des fouilles pour sa construction, des ouvriers rencontrèrent deux sarcophages, appartenant au iv⁰ ou v⁰ siècle de notre ère. On peut les voir, aujourd'hui, au musée d'antiquités. Elle est de style de transition entre le xii⁰ et le xiii⁰ siècle.

Le portail est très simple et le clocher se trouve au milieu du transept.

Elle est composée d'une nef principale très large et de deux bas-côtés. De chaque côté du chœur qui se termine en abside, deux travées en ogives surmontées d'un triforium aveugle et dans le haut deux fenêtres en plein cintre. La nef comprend quatre travées.

Elle remplace une église qui avait été reconstruite en 1562, après le siège de Rouen, par les Calvinistes.

On remarque une fresque par M. Perrodin, élève de Flandrin, qui représente le Concile de Séleucie où saint Hilaire défend la divinité du Verbe, en présence du délégué de l'Empereur et des Semi-Ariens.

Du côté du boulevard, la rue Saint-Hilaire est accessible par plusieurs rues où sont établis de nombreux couvents ou maisons d'institutions comme la rue des Capucins où sont installés la chapelle et le couvent des Ursulines, la chapelle et le couvent de la Visitation, l'asile des petites sœurs des pauvres, et, au n⁰ 18, dans l'enclave de la maison de charité de la paroisse Saint-Vivien, l'hôpital Saint-Vincent-de-Paul qui fut fondé, en 1857, par l'abbé Forbras, pour les aveugles curables.

C'est dans la rue Poisson que se trouve le *grand séminaire* du diocèse de Rouen, formé, en 1707, de la réunion de deux petits séminaires, fondés précédemment par Mgr Colbert, archevêque de Rouen. Il a une grande porte du xviii⁰ siècle et sa chapelle date de 1785.

L'*église Saint-Nicaise* se trouve dans la rue de ce nom. D'abord une petite chapelle, élevée par saint Ouen, et située hors de la ville, elle devint paroisse, en 1388, mais ne fut jamais achevée.

Le chœur du xvi° siècle est très beau. Il est très élevé et éclairé par une grande fenêtre ogivale.

On remarque dans le collatéral sud un superbe vitrail datant de 1555 et qui représente un évêque et des anges tenant des flambeaux, ainsi que des figures de femmes.

Dans le collatéral nord est un autre vitrail de la même époque représentant la Mortification, la Chasteté et la Tempérance, sous des figures de femmes, debout.

Le retable, à colonnes torses et nombreuses figures, est remarquable; il date du xvii° siècle, ainsi que le buffet d'orgue.

Cette église qui avait été supprimée, en 1802, fut rétablie en 1806.

Le quartier Saint-Nicaise, où s'installèrent, au xvii° siècle, de nombreux couvents, reste un peu en dehors du mouvement commercial.

Sa principale artère est la *rue Orbe* suivie de la *rue Bourg-l'Abbé* qui le rattachent à la rue de la République.

La chapelle et le couvent des sœurs du Saint-Sacrement se trouvent dans la rue Bourg-l'Abbé.

C'est dans la rue Coignebert, au n° 31, près Saint-Nicaise, que naquit, en 1800, Armand-Carrel, le célèbre journaliste.

Au coin de la rue Coignebert, on voit une statue de la Vierge par Jadoulle.

PIERRE TOMBALE DE L'ÉVÊQUE CAUCHON,
dans la Cathédrale.

20

Les Musées

Au point d'intersection des rues Jeanne-Darc et Thiers, le promeneur pourra se reposer dans un jardin anglais avec pièce d'eau, rochers, fleurs, gazons, qu'on appelle le *jardin Solférino*. Créé en 1864, il est entouré de grilles et bordé par le Musée-Bibliothèque.

Il est ombragé par de superbes marronniers qui, jadis, bordaient en deux rangées le grand parterre qui s'étend en perspective jusqu'à la serre monumentale du Jardin-des-Plantes et qui furent déplantés lors de la création de ce jardin. Il possède un petit lac alimenté par le trop-plein des fontaines qui s'écoule sous terre, et une cascade tombant de rochers transportés d'Incarville, près Louviers. Ce jardin, où la musique militaire se fait entendre le jeudi et le dimanche, est accessible par la rue Thiers, la rue Jeanne-Darc et la rue du Baillage.

Il y a une quarantaine d'années ce grand emplacement était occupé par des rues tortueuses et sales, habitées par les tanneurs et corroyeurs qui s'étaient établis sur les bords de la *Renelle*, ruisseau formé par les eaux de la source Gaalor.

La *rue Thiers*, ouverte en 1858, est située sur l'emplacement des petites rues *de la Perle* et *Coupe-Gorges*. Elle s'appela, en 1861, *rue de l'Hôtel-de-Ville*, par sa position, et reçut le nom de Thiers, au décès du grand homme. Elle est la plus importante et la plus longue des rues parallèles à la Seine, et va de la place Cauchoise à la place de l'Hôtel-de-Ville, supprimant tout le quartier de la Renelle.

A droite, en entrant dans le jardin Solférino, par la rue Thiers, on aperçoit adossé au Musée-Bibliothèque, le monument de Gustave Flaubert.

Ce monument allégorique, en marbre blanc, montre en haut-relief, la *Vérité sortant du puits*, représentée par une femme nue. Dans un angle est disposé le médaillon de Gustave Flaubert, l'auteur de *Madame Bovary*, de *Salambô* et de tant d'œuvres charmantes.

Cette œuvre est du sculpteur Chapu; elle fut élevée, en 1890, par souscription, et inaugurée la même année.

C'est en face, que se dressera le buste qu'on se propose d'élever à la mémoire de Guy de Maupassant, en 1899.

.·.

Le Musée de Peinture est un bâtiment à deux étages dont la façade, qui donne sur le jardin Solférino, se compose d'un pavillon central surmonté d'un dôme et dont l'escalier extérieur, qui donne accès dans le vestibule, est flanqué des statues, assises, de Nicolas Poussin et d'Anguier, peintre et sculpteur normands. Deux pavillons latéraux saillants ornés de colonnes corinthiennes, supportent un fronton triangulaire avec des allégories de l'Architecture et de la Peinture par Bartholdi. Sur les quatre façades figurent les bustes de peintres, sculpteurs et graveurs normands.

MONUMENT DE GUSTAVE FLAUBERT.

Le Musée de Peinture, qui fut ouvert, en 1809, dans une galerie de l'Hôtel-de-Ville, fut transféré, en 1880, dans le local actuel. Il possède environ mille tableaux et dessins des écoles française, italienne, hollandaise, flamande, espagnole, et compte au rang des plus beaux de province.

La sculpture qui occupe les galeries du rez-de-chaussée, à droite et à gauche du grand vestibule, est peu importante. On y remarque la *statue de P. Corneille*, par Caffiéri; le *buste* d'*Armand-Carrel* et le *Bonchamps mourant*, de David d'Angers; le *monument de Géricault* d'Elex; *Rachel*, de Leroux; *Oreste*, de Simart; *les Gracques*, de Guillaume; *la Douleur*, de Gérôme; *Orphée expirant*, de Guilloux, etc.

Dans le grand escalier monumental, on admire une fresque décorative et deux panneaux de Puvis de Chavannes, ainsi qu'un groupe en pierre de Pierre Puget : *Hercule terrassant l'hydre de Lerne.*

Les galeries situées à droite, en entrant, sont réservées à l'art ancien. Les œuvres principales à signaler sont : *La Vierge au milieu d'une assemblée de saintes*, de Gérard David ; *un Tryptique*, du Pérugin; *Saint François d'Assises*, d'Annibal Carrache; *Saint Barnabé guérissant les malades*, de Véronèse; *Le bon Samaritain*, de Ribéra; *portrait d'homme*, de

Velasquez; *Vénus et Enée*, de Poussin; Le *Songe de Polyphile*, de Lesueur, et plusieurs œuvres de Jouvenet, Lahire, Lancret, Lemonnier, Mignard, Oudry, Restout, Valentin, Vouet; — de Karl Dujardin, Honthors, Jordaens, Van Goyen, Ruysdaël, Sneyders, Tilborg, Vos; — Caravage, Querchin, Guide Lanfranc, Michel-Ange.

Les galeries situées à gauche, en entrant, sont réservées à l'art moderne. On y remarque, le *Cheval blanc*, la *Tête de chevreuil*, la *Course de chevaux*, l'*Académie d'homme*, les *Suppliciés*, la *Scène de Naufrage*, de Géricault; la *Belle Zélie*, d'Ingres; *Boissy d'Anglas à la tribune*, de Court; un portrait, par David; la *Maîtresse d'Ecole*, de Charlet; la *Mort de Cléopâtre*, de Boisfremont; les *Bords de l'Oise* et *Ecluse dans la Vallée d'Optevoz*, de Daubigny; les *Etangs de Ville d'Avray* et la *Vue de Sèvres*, de Corot; le *Triomphe de Trajan*, de Delacroix; un paysage, de Courbet; deux vues : *La Haye* et *Stamboul*, de Ziem; *Les Vainqueurs de Salamine*, de Cormon; *Andromaque*, de Rochegrosse; *Grisélidis*, de Jules Lefebvre; la *Femme aux pigeons*, de Zacharie, et des œuvres de Roybet, Barillot, Guillemet, etc.

Dans les dessins, on appréciera des croquis de Rembrandt, de Watteau, plusieurs dessins esquisses du *Naufrage de la Méduse*, de Géricault; une sépia d'Isabey, etc.

* *

Au-dessus du Musée de Peinture, dans des salles ornées de superbes boiseries du xviiie siècle, se trouve le *Musée Céramique* qui fut créé en 1864.

Ce Musée, qui est principalement consacré à la faïence rouennaise, renferme de nombreuses pièces des xviie et xviiie siècles qui proviennent, pour la plupart, des collections André Pottier et Colas. On y remarque surtout *les sphères* en faïence de Rouen, qui sont des pièces de belles décorations, et plusieurs modèles de faïences de Nevers, Strasbourg, Moustiers, Delft, parmi lesquels un *Violon de faïence*.

* *

La Bibliothèque municipale, dont l'entrée est située dans la rue de la Bibliothèque, se trouve dans le même édifice que le Musée de Peinture.

Elle renferme environ cent trente-trois mille imprimés et trois mille six cents manuscrits qui sont catalogués. Parmi ces derniers, il convient de citer un *Benedictionnaire* et un *Missel* Anglo-Saxon, du xie siècle ; le *Sacramentaire*, d'Œthelgar ; la traduction des *Ethiques* et *Politiques* d'Aristote, par Oresme; des *Livres d'heures*; le *Graduel*, par Daniel d'Eaubonne; l'*Entrée de Henri II à Rouen*; un *Livre d'heures* imprimé avec caractères or et argent sur papier de coton noir, ainsi qu'un autre en lettres découpées, de belles collections d'autographes, de médailles et médaillons anciens.

On accède à la salle de lecture, qui forme un vaste vaisseau, par un double escalier,

CH. DAUBIGNY. — ÉCLUSE DANS LA VALLÉE D'OPTEVOZ.

dans un vestibule avec peintures décoratives de l'Histoire du Livre, et les figures de Corneille, Fontenelle, Boisguilbert et Flaubert, par Baudouin.

Dans la salle principale se trouve la statue de Voltaire, modelée en toile et carton ; dans la salle de la Réserve, un vase de Sèvres, et plusieurs objets et meubles donnés par l'amiral Cécille.

La Bibliothèque fut formée pendant la Révolution de plusieurs dépôts ; elle s'est agrandie depuis par des donations ou acquisitions particulières.

A la Bibliothèque municipale est annexée une *galerie d'histoire locale et d'estampes* qui est installée dans trois salles du deuxième étage du Musée de Peinture et dont l'entrée est située sur le jardin Solférino.

La *salle Dutuit* renferme une série de gravures anciennes, d'une grande rareté, et une série de gravures modernes, des meilleures artistes.

La *salle de la Querrière* contient des plans, vues, restitutions, édifices et rues du vieux Rouen, etc.

A l'angle du Musée-Bibliothèque, faisant face à l'ancienne église Saint-Laurent, se voit le monument, élevé, par souscription, en l'honneur de Louis Bouilhet, né à Cany.

Mercié. — Le gloria victis.

Ce monument de style néo-grec, adossé à l'édifice, est avec fontaine, sur les plans de l'architecte Sauvageot. Le buste du poète normand, en marbre blanc, dans une baie carrée, flanquée de pilastres, surmontée par un masque tragique, est du sculpteur Guillaume.

⁎
* *

L'église Saint-Laurent, située derrière le Musée et près de Saint-Godard, est de style gothique. Elle fut construite de 1440 à 1482 et est à nef centrale, avec bas-côtés, sur des voûtes à nervures d'un joli travail, avec chevet polygonal. La balustrade du comble de la nef près du portail est garnie de lettres gothiques formant un jugement de la Bible :
« *Post tenebras spero lucem.* »

Cette église, supprimée en 1791, servait de club aux Jacobins ; devenue propriété privée ; elle servit de hangar et d'écurie, puis elle fut achetée par la ville et classée « monument historique ». Elle est dans un état de délabrement complet.

Le clocher, en forme de tour, est d'un arrangement bizarre avec contreforts. Il se terminait par une aiguille de pierre de treize mètres. Bâti de 1490 à 1501, en imitation d'un encensoir, il s'écroula, en 1520, et dans les travaux de reconstruction on en diminua la hauteur. Il n'a plus aujourd'hui que trente-sept mètres cinquante.

Sa base et son premier étage, où l'on voit des croisées qui ont dû être rapportées, paraissent plus anciens que la partie supérieure. Les sculptures vues à une certaine distance produisent un effet d'élégante originalité et retiennent le passant qui, après s'être approché et avoir contemplé l'état de dégradation, ne peut s'empêcher de murmurer :

> La tour, prends garde,
> La tour, prends garde
> De te laisser abattre.

**
*

Saint-Godard, derrière le Musée, est une église du xv⁰ ou xvi⁰ siècle, de style ogival, de pauvre architecture à l'intérieur.

Elle est à trois nefs, dont deux se terminent par des pignons et celle du centre en abside convexe. Vers le portail, s'élève une tour carrée qui date de 1612.

Dans le sanctuaire, on remarque des peintures par Le Henaff, et des vitraux représentant l'histoire de plusieurs saints. Au-dessus de la porte ouest des épisodes de l'expédition de saint Louis en Egypte.

On remarque un *Arbre de Jessé*, dans la *chapelle de la Vierge*, à la dernière travée du bas-côté droit, la *Vie de la Vierge* dans le vitrail latéral qui est du xvi⁰ siècle, mais dont les panneaux sont modernes. On prétend que ces vitraux ont été exécutés d'après les cartons de Raphaël ou de François Penni. Cette chapelle renferme le tombeau, avec statues de marbre blanc, de Charles et Pierre Bec-de-Lièvre, dont l'un était colonel sous Louis XIII et l'autre président de la Cour des Aides.

La *chapelle Saint-Romain* offre la *Vie de saint Romain* dans un vitrail terminal qui date de 1555. Une partie du vitrail latéral, *Apparitions évangéliques*, est ancienne.

ÉGLISE ET TOUR SAINT-LAURENT.

Sous cette chapelle est une petite crypte, qui a été refaite au xvi⁰ siècle et où furent inhumés saint Godard et saint Romain.

L'église Saint-Godard qui avait été supprimée à la Révolution, époque à laquelle elle fut entièrement dévastée, ne fut rouverte qu'en 1806. Elle a possédé de remarquables vitraux qui furent détruits; on y voit aujourd'hui plusieurs verrières neuves.

.˙.

A côté de l'église Saint-Godard, la petite place Restout, ombragée par quelques arbres, et à côté, la rue Morand qui conduit à la rue Jeanne-Darc, et conserve, au n° 6, un hôtel Louis XIII.

En face, après avoir traversé la rue Jeanne-Darc, on arrive à la rue du Sacre où se trouve l'hôtel de la Division militaire, et, au n° 7, un hôtel Louis XIV. Cette rue est coupée par la rue Saint-Patrice où l'on peut admirer de nombreux hôtels des xviie et xviiie siècles avec portails à consoles et visiter l'église Saint-Patrice.

LE MUSÉE DE PEINTURE.

Peu remarquable au point de vue architectural, cet édifice du style ogival à son déclin, commencé en 1535, fut bâti sur l'emplacement d'un autre assez modeste.

La grande chapelle de droite, ainsi que la partie du grand portail que surmonte un clocher peu gracieux sont du xviie siècle. Les bas-côtés de la nef et du chœur sont de même étendue.

L'église offre l'aspect d'une croix tronquée à son sommet, avec deux chapelles latérales, dont les voûtes, ainsi que celles des bas-côtés, sont en plâtre avec nervures en bois peint. Les voûtes de la nef et du chœur ont été reconstruites de nos jours

21

en plein cintre et les boiseries sculptées des chapelles proviennent de l'église Saint-Eloi, qui a été concédée au culte protestant, et la chaire de l'époque de la Renaissance provient de l'église Saint-Lô. Le baldaquin doré, qui surmonte le maître-autel, est lourd.

Tout l'intérêt de cette église consiste dans ses œuvres d'art et surtout dans des vitraux du XVIe siècle, qui fut la partie la plus brillante de la peinture sur verre en France.

LA TOUR SAINT-LAURENT
(Rue Thiers).

Les fenêtres de la chapelle de droite sont ornées de médaillons et des instruments de la Passion. Une fenêtre représente la *Miséricorde et la Vérité*, la *Justice et la Paix*; une autre, des épisodes d'*Abraham* et de *Moïse*; celle-ci, la *Femme adultère*; celle-là, des sujets dépareillés et des épisodes de *Job*. A remarquer aussi un tableau *Sainte Justice*, de Mignard et une *scène de la Passion* attribué au Bassan.

Vers le grand portail, une rose étoilée, aux peintures médiocres, éclaire le dessus de la porte latérale.

Le collatéral gauche possède trois verrières : l'*Histoire de Job*, le *Martyre de sainte Barbe* et la *Vie de saint Patrice* où l'on remarque le saint forçant un voleur de brebis à avouer sa faute en bêlant comme les brebis. On attribue à Jean Cousin, l'*Annonciation* qui décore la première fenêtre de la chapelle.

Trois fenêtres éclairent l'abside ; deux d'entre-elles sont remplies par l'histoire de *saint Faron* et de *saint Fiacre*, et l'autre par celle de différents saints. Dans la chapelle de la Vierge, une toile attribuée au Poussin, représente *saint Pierre guérissant un boiteux*.

La fenêtre au fond du collatéral de gauche, dont on attribue les dessins à Cousin, très admirée, montre une belle allégorie : le *Triomphe de la loi de grâce*.

Les trois verrières des chœurs représentent la Passion, la mort et la résurrection du Christ.

Dans l'église Saint-Patrice existait, autrefois, une confrérie poétique du Puy, fondée en 1543. Cet édifice servit de temple, en 1797, aux *Théophilantropes*.

Le Musée d'antiquités

Le Musée départemental d'antiquités. — L'Ecole de Médecine et de Pharmacie. — Le Muséum d'histoire naturelle.

ᴇ Musée départemental d'antiquités se trouve installé dans un ancien couvent de Visitandines et dans le cloître (1680-1691), en avant de la fontaine monumentale, dans un jardin que bordent l'Ecole de Médecine et de Pharmacie, bâtiment en hémicycle à deux étages avec portique sur colonnes, et l'Ecole supérieure des Sciences et des Lettres.

Ce musée, dont les bâtiments sont entourés de statues mutilées des xiiiᵉ et xivᵉ siècles, provenant de la Cathédrale, fut créé, en 1832, par Ach. Deville, E.-H. Langlois, H. Brevière et A. Pottier.

Il a deux entrées ; l'une, dans le jardin au nord, provient de l'ancienne abbaye de Saint-Amand ; c'est une belle sculpture de la Renaissance, dont le bas-relief inférieur, la *Femme adultère*, vient des Chartreux ; la seconde porte, rue Poussin, dans le passage public qui traverse l'enclave Sainte-Marie, offre une belle sculpture de la fin du xviᵉ siècle, et une jolie statue de *Diane chasseresse*, provenant d'une maison de la rue de la Grosse-Horloge.

On remarque, dans le jardin, deux façades d'anciennes maisons en bois sculpté et de nombreux vestiges de l'architecture normande.

En face de l'Ecole de Médecine, on voit l'ancienne fontaine de la Croix-de-Pierre, du xviᵉ siècle,

JARDIN ENCLAVE SAINTE-MARIE.

et, contre le musée, des fragments du Palais de Justice; puis, la statue en plâtre de *Géricault sortant du tombeau*.

Dans la cour intérieure sont déposés des débris de statues, bas-reliefs, sculptures en pierre, etc., une porte de la petite maison de Pierre Corneille, puis, sous une arcade, le buste en bronze de l'abbé Cochet, ancien conservateur du musée, par Izelin.

On accède aux salles du musée par un petit vestibule où l'on voit des inscriptions funéraires, une pierre tombale provenant de Jumièges, des restes d'un saint Sépulcre du xvie siècle.

Dans la première salle, qu'on appelle la galerie Cochet, et qui est entourée de vitrines d'armes et objets mérovingiens, on voit de belles verrières du xiiie au xve siècle, entre autres, des vitraux de l'église de Montigny, qui représentent *Les travaux des mois*, des statues tumulaires, des vases funéraires et des pierres tombales du moyen âge, un boisseau-étalon de la ville de Bolbec, créé en vertu d'une charte de Philippe-le-Bel, de l'orfévrerie religieuse du xiie siècle, de l'abbaye de Gruchet-le-Valasse, des poteries du moyen âge et des ivoires sculptés, un bahut du xve siècle, une épée avec laquelle le ministre Roland de la Platière se suicida, en 1793, un bas-relief du xive siècle, des clefs de voûte du xvie siècle, des objets en étain, etc., et, au milieu de la salle, de beaux chapiteaux, la châsse de Saint-Sever, des ustensiles en bronze mérovingiens et du moyen âge, des monnaies gauloises, le boisseau-étalon de l'abbaye de Jumièges, des croix en plomb, un épi de faitière en faïence et de nombreuses curiosités normandes du ixe au xie siècle.

Dans une deuxième salle qu'on désigne sous le nom de galerie Langlois, on voit aussi des verrières anciennes, des plombs de bulles et médailles de papes, des médailles historiques normandes, un triptyque sculpté et doré du xve siècle, des bahuts sculptés, de la serrurerie et de la poterie du moyen âge, des ferrures du xviiie siècle, des émaux de Limoges du xvie siècle, un retable du xve siècle de l'église de Fresquienne, de beaux retables sculptés et peints du xve ou xvie siècle, des médailles de la Révolution, de l'Empire et de la Restauration, etc.

Dans une troisième salle ou galerie de la mosaïque, qui communique avec la galerie Cochet, par une porte avec une superbe grille en fer forgé du xiiie siècle, on voit des antiquités grecques, gauloises ou romaines, égyptiennes ou scandinaves, telles que vases, creusets, briques, sarcophages, silex, mosaïques, entre autres une belle et vaste mosaïque qui fut trouvée, en 1838, dans la forêt de Brotonne.

Cette mosaïque, gallo-romaine, représente Orphée, assis sur un trône et jouant de la lyre. Dans les quatre compartiments, qui entourent le médaillon central, sont représentés des animaux sauvages et aux quatre angles, les Saisons. Le tout encadré dans une large bordure à rinceaux, forme une heureuse disposition de blanc, de noir, de gris, de jaune et de rouge, exprimant parfaitement jusqu'aux moindres détails.

MOSAÏQUE

découverte à Lillebonne, le 8 mars 1870, acquise par le Musée départemental d'Antiquités, en 1885,
et installée dans une salle spécialement construite et inaugurée le 19 août 1886.

On voit encore dans cette galerie des cheminées composées avec les charpentes des maisons des deux Corneille, un buste romain, des statues découvertes dans les bains romains de Lillebonne, des lampes funéraires et une infinité d'antiquités diverses.

On sort dans la cour pour visiter la cinquième galerie qui comprend cinq petites salles où sont placées les armes et les armures du moyen âge, une grande cheminée en bois du XVIIe siècle, des sculptures sur bois d'anciennes maisons, de curieuses pièces de céramique italienne, un mouvement d'horloge du XIVe siècle, provenant de l'église Saint-Vivien.

A l'extrémité de cette galerie, dans un bâtiment annexe, qui est appelé la salle de la nouvelle céramique, on remarquera une intéressante mosaïque, dont nous donnons le dessin, représentant *Apollon poursuivant Daphné*, et dont le pourtour représente des scènes de chasse et un sacrifice à Diane. Cette belle pièce, qui offre une surface d'environ trente mètres carrés, provient de Lillebonne et fut apportée au musée en 1886. Elle est dans un excellent état de conservation, et provient d'un temple dédié à Apollon et à Diane.

On voit aussi dans cette annexe, qui fut spécialement construite pour cette admirable mosaïque, des tombeaux qui ont été enlevés de la Cathédrale, et de belles tapisseries.

.   .
.

Le Muséum d'histoire naturelle se trouve dans le même bâtiment que le musée d'antiquités, dont il occupe les étages supérieurs.

Créé, en 1828, par le docteur Félix Pouchet, savant naturaliste rouennais, dont le buste en marbre blanc (1877) se voit dans le vestibule, il ne fut ouvert au public qu'en 1832.

JARDIN ENCLAVE SAINTE-MARIE.

C'est un des plus complets et des mieux organisés de province et il a été agrandi, en 1899, de tout le local de l'Ecole de Peinture et complètement réorganisé sous la direction de M. le Dr Pennetier.

Il comprend quatre étages :

La première petite salle du rez-de-chaussée, ainsi que celle du premier étage sont consacrées à l'ostiologie actuelle. Elles renferment de très beaux spécimens d'animaux dont l'espèce s'est maintenue, tels que, squelettes de baleine, de girafe, mâchoires de cachalots, etc, etc.

La petite salle donnant sur le palier contient quelques échantillons de serpents.

Au deuxième étage, la première petite salle, sur le palier, nous montre quelques études de myologie et d'embryologie humaine, superbes spécimens de travaux de cire. — La grande salle à côté est réservée à l'étude des mammifères. Cette collection est presque complète. Elle comprend toute la famille des quadrumanes, des carnassiers, des rongeurs, herbivores, etc. — A remarquer un superbe orang, de magnifiques lions et tigres, une gigantesque girafe. — Puis viennent les cétacés; puis, tous les poissons.

LA SALLE DE LA MOSAÏQUE.

Les galeries supérieures de la même salle permettent l'étude de la minéralogie. — Cette exposition se poursuit dans la petite salle faisant suite et réservée spécialement aux cristaux. — On y remarquera une vitrine centrale contenant la reproduction des pierres précieuses renommées, telles que le Régent, le Grand-Mogol.

Les galeries faisant suite sont réservées à la paléontologie. — L'étude de ces animaux antédiluviens, dont il ne nous reste plus que des fossiles, est des plus intéressantes. On y remarque plusieurs spécimens très beaux, tels le plésiosaurus, un ours des cavernes, etc.

Quelques tableaux en couleurs permettent de suivre l'étude du terrain sur lequel ces animaux vécurent.

Le troisième étage est réservé à l'ornithologie. — Cette vaste galerie nous permet l'étude de tous les oiseaux connus, depuis l'autruche énorme jusqu'au minuscule oiseau-mouche aux superbes couleurs. — Dans les vitrines médianes une variété infinie de très beaux coquillages remarquables, tant par leurs formes étranges que par l'éclat de leurs couleurs aux effets nacrés.

Tout au fond de cette salle, ne pas oublier le panorama de Rouen avec sa basse-cour, au premier plan, où nous verrons les spécimens de la région, poules, canards, etc.

La première partie de la salle, faisant suite, est réservée à l'ornithologie locale. — Cette belle collection, présentée sous un aspect des plus intéressants, nous montre les oies, de notre région, dans les attitudes les plus naturelles. C'est la vie même surprise dans sa réalité : ici, un vol d'oiseaux; là, des nids construits sur des arbres ; plus loin, des hirondelles bâtissant leur demeure dans un vieux mur.

LES DEUX ANCIENNES FAÇADES
dans le Jardin Enclave Sainte-Marie.

Dans la même salle, et faisant suite, se trouve une magnifique collection de papillons dont les variétés infinies se succèdent dans de remarquables chatoiements de couleurs des plus tendres aux plus vives.

Puis viennent les insectes aux formes bizarres et comprenant les sujets les plus divers du microscopique phylloxera à l'énorme scarabé. — A remarquer le merveilleux instinct que ces animaux déploient en se dissimulant sur des corps de couleur semblable aux leurs.

22

Puis enfin, dans cette même salle, les derniers échelons de la vie animale : les po-
lypes, les zoophites, etc., etc. ; de curieux spécimens d'éponges en voie de formation, des
coraux, etc.

Au quatrième étage se trouve le musée ethnologique. — La première petite salle
contient quelques types de races diverses, mais, en réalité, est plutôt destinée à l'étude
de la phrénologie. On y voit les masques de plusieurs hommes célèbres à divers points de
vue : savants, poètes, politiciens et... criminels !

La grande salle contient les produits les plus divers des pays exotiques, pirogue de
guerre aux sculptures des plus suggestives, statues de divinités aux formes étranges, instruments de musique, armes de guerre, vêtements des plus grotesques, le tout façonné par les naturels de l'Océanie ou quelques peuplades barbares de l'Afrique et attestant, pour la plupart,
un art encore embryonnaire. — Quelques dessins en couleur, provenant du Racinet, com-
plètent cette partie du musée qui contient, en outre, divers produits naturels, tels que
graines, coton, gutta, etc., provenant de ces mêmes contrées.

La Fontaine Sainte-Marie

La place et la Fontaine Sainte-Marie. — L'Observatoire populaire astronomique. — Le Lycée Corneille. — La chapelle du Lycée. — Le petit
collège de Joyeuse. — La rue de la République. — La Halle aux grains.

Au haut de la rue de la République, la place Sainte-Marie, qui forme carrefour, est
bordée, d'un côté, par une fontaine monumentale ou mieux un château-d'eau, situé en face
du Musée départemental d'antiquités, dans l'enclave Sainte-Marie.

C'est dans cette enclave que se trouvent l'*Ecole préparatoire de Médecine et de Pharmacie*, bâtiment en hémicycle à deux étages avec portique sur colonne, et l'*Ecole préparatoire à l'Enseignement supérieur des Sciences et des Lettres*.

La *Fontaine Sainte-Marie*, qui renferme l'un des réservoirs de distribution des eaux de
la ville, est à deux rampes en
pierre qui conduisent à des
rochers d'où l'eau s'échappe
en cascade. Elle fut élevée, en
1879, par l'architecte de Perthes.

Au sommet de cette fon-
taine se dresse un groupe
central en pierre, par Falguière, dont le sujet principal
figure la ville de Rouen, sur
un navire flanqué du Robec et
de l'Aubette, ayant à ses côtés
le Génie de l'Industrie et le

LA FONTAINE SAINTE-MARIE.

Génie du Commerce, et deux groupes secondaires représentant, l'un, un jeune garçon
conduisant un bœuf, allégorisant l'Agriculture, l'autre, un jeune homme conduisant un
cheval et un poulain symbolisant l'élevage.

En arrière, dans une niche en arcade se trouve une belle statue : *La Source*.

* *

Sur le terre-plein de la fontaine Sainte-Marie, est situé l'Observatoire populaire astronomique créé par le Cercle rouennais de la Ligue de l'Enseignement. On y accède par l'impasse de l'Observatoire, et lorsque l'état du ciel est favorable aux observations téles-copiques, on peut y entrer, tous les samedis, de huit heures à dix heures du soir.

* *

En descendant la rue de la République on rencontre, à gauche, l'amphithéâtre de Physique; à droite, la Caisse d'Epargne et la Gendarmerie, en face de laquelle se trouve le

FACE
de la médaille commémorative.

Lycée Corneille, qui occupe l'ancien collège des Jé-suites, construit au XVII° siècle, et un grand bâtiment de l'ancien séminaire fondé par le cardinal de Joyeuse, archevêque de Rouen.

On y accède par une porte monumentale, avec fronton, où sont sculptés des anges supportant un écusson.

REVERS
de la médaille commémorative.

Dans la cour carrée intérieure, qu'on appelle Cour d'Honneur et qui est entourée de constructions anciennes, on voit la maquette en plâtre de la statue de Pierre Corneille, par David d'Angers, ainsi qu'une inscription rappelant la grande manifestation qui eut lieu, en cet endroit, en 1884, lors de la célébration du bi-centenaire du grand tragique et pour laquelle le graveur Depaulis fit une médaille commémorative.

Le pavillon central, avec perron et arcades, est surmonté d'un fronton portant l'horloge.

La *Chapelle du Lycée* est l'ancienne église des Jésuites.

Le portail, situé rue Bourg-l'Abbé, est élevé sur des marches et orné de statues, dans des niches, qui représentent Charlemagne, à droite, et saint Louis, à gauche.

A l'intérieur de l'église, dont la première pierre fut posée, par Marie de Médicis, en 1614, la grande nef est spacieuse avec transepts très larges. Elle est terminée par des chapelles, et possède quatre grandes tribunes sur arcades corinthiennes, avec écussons armoriés.

A gauche, en entrant, dans une des chapelles latérales, on remarque le mausolée, en marbre blanc, élevé à la mémoire du cardinal de Joyeuse. Dans une chapelle de droite, on voit le *Christ-en-Croix*, de Jouvenet, et, dans le chœur, un retable avec tableau l'*Ascension*.

Cette église qui fut construite, de 1614 à 1650, avec les pierres du Château-Gaillard, renferme les caveaux de Gilles du Fay. Son escalier ne fut terminé qu'en 1704.

En 1897, on a démoli l'ancien petit collège de Joyeuse, annexe du Lycée Corneille, pour le remplacer par de nouveaux bâtiments qui se relient aux constructions nouvelles, tout en haut des anciennes terrasses.

UNE TRIBUNE DE L'ÉGLISE DES JÉSUITES
dans la chapelle (1).

Le collège de Joyeuse s'élevait au milieu de maisons, de pavillons, de cours et de jardins. Dans son enceinte se trouvait le parloir ; les classes et les études s'étendaient dans un grand bâtiment blanc, et toutes ces constructions, étagées, étaient séparées du Lycée Corneille par les terrasses de la grande cour qui y communiquaient par des escaliers aux rampes de fer, ainsi que l'indique notre dessin.

En descendant la rue de la République, à peu de distance du Lycée Corneille, on arrive sur la place de l'Hôtel-de-Ville où se trouve une des principales stations de tramways. C'est sur cette place que le poste central de police est établi.

En 1567 eut lieu la création d'une milice bourgeoise. La compagnie du Guet fut organisée en 1678, mais ce corps paraît déjà avoir été institué dès l'occupation anglaise, c'est-à-dire au XIVe siècle.

UNE AILE DE L'ÉGLISE
Dans la rue du Petit-Maulévrier.

(1) Les dessins relatifs à la tribune des Jésuites, à l'aile de l'église et au lycée sont extraits du *Journal de Rouen*.

La compagnie de la Cinquantaine et des Arquebusiers ainsi que la milice bourgeoise, furent remplacées, en novembre 1789, par la Garde nationale qui, trois années après, reçut une nouvelle organisation qui fut le fondement de notre police actuelle.

La rue de la République est la plus longue des rues de Rouen; elle part de la place du même nom qui borde le quai de Paris, se dirigeant du sud au nord, passant devant l'archevêché, traversant la place de l'Hôtel-de-Ville, longeant la gendarmerie, le Lycée

CHAPELLE DU LYCÉE.

LE PAVILLON DU CENSEUR
sur la place, aujourd'hui disparu.

Corneille, sur une petite place, la Caisse d'Epargne, et, en face, le petit collège de Joyeuse formant un des côtés de la place Sainte-Marie, va, en bordant l'enclave Sainte-Marie, prendre fin à la place Beauvoisine.

Cette rue fut décrétée, en 1810, lors de la construction du Pont-de-Pierre et terminée en 1830. Elle prit alors le nom de *rue Royale*, puis, le 2 mars 1848, celui de rue de la

République. En 1852, on l'appela *rue Impériale*, mais elle reprit son nom depuis le 25 septembre 1870.

En descendant la rue de la République, on pourra jeter un coup d'œil dans deux rues très pittoresques, près de Saint-Ouen, la rue des Boucheries-Saint-Ouen et la rue du Petit-Mouton.

La *rue des Boucheries-Saint-Ouen*, tire son nom de l'une des boucheries de la ville, qui seule était située dans ce quartier appelé, lui-même, le Pont-de-Robec.

LA COUR DU COLLÈGE DE JOYEUSE (ANCIENNE).

Dans cette rue, on remarque des maisons du xvie siècle, à statuettes de saints.

La *rue du Petit-Mouton* est une venelle, aux maisons surplombantes et croulantes, qui se rétrécit outrageusement.

⁎⁎⁎

Dans le bas de la rue de la République, sur la place de la Halle-au-Blé, s'élève la *Halle aux grains* dont la fondation remonte au xiiie siècle.

Le marché des avoines, des orges, des menus grains, des blés et des seigles, a lieu tous les vendredis, dans ce bâtiment qui a des sorties place de la Basse-Vieille-Tour et rue des Halles.

C'est à la Halle aux grains, que tous les ans, le dimanche des Rameaux, s'ouvre le Concours départemental d'animaux reproducteurs et interdépartemental d'animaux de boucherie, organisé par la Société centrale d'Agriculture de la Seine-Inférieure.

On y voit de beaux spécimens des espèces bovine, ovine et porcine, et, après l'examen du Jury, des prix importants sont décernés aux propriétaires des meilleurs animaux exposés.

LA RUE DU PETIT-MOUTON.

Le Théâtre-des-Arts

Le Pont Boïeldieu. — Le Théâtre-des-Arts. — La Bourse. — Vieilles maisons. — Saint-Pierre-du-Châtel. — La fontaine de Saint-Cande-le-Jeune. — Saint-Etienne des Tonneliers.

Le *Pont Boteldieu*, qui se trouve au bas de la rue Grand-Pont, fut terminé en 1888 ; il conduit à la gare d'Orléans et à la rue Saint-Sever.

LE PONT BOIELDIBU (vue prise du quai Saint-Sever).

C'est un pont métallique, à trois grandes arches en acier. Il a deux cent quarante mètres de longueur et vingt mètres de largeur.

Ce pont a remplacé le Pont suspendu, pont à péage de structure décorative et grandiose, avec une arche monumentale en fer située au centre, qui avait été livré au public en 1836 et fut démoli en 1884. Il avait été construit par les frères Séguin, et succédait à l'ancien pont de bateaux élevé un peu plus haut et qui avait coûté sept cent cinquante mille francs.

Le pont de bateaux, qui avait été établi au commencement du XVIIe siècle, était un pont mobile qui se haussait ou se baissait avec la marée, et sur lequel on était mollement bercé. C'était un promenoir très fréquenté, avec bancs pour se reposer. Lorsque les glaces arrivaient on enlevait le pont.

L'ANCIEN PONT SUSPENDU.

Le pont de bateaux remplaçait le pont Mathilde, qui donna son nom à la rue Grand-Pont, et qui avait été bâti, par l'Impératrice Mathilde, petite-fille de Guillaume-le-Conquérant.

23

Après la disparition du pont Mathilde en 1564, jusqu'en 1632, époque à laquelle fut construit le pont de bateaux, on traversait la Seine au moyen de deux grands bacs qui

LA PASSERELLE
Pendant la construction du Pont Boïeldieu, en 1886.

abordaient près de la porte Saint-Cande qui dut à cette circonstance le nom de Porte-du Bac.

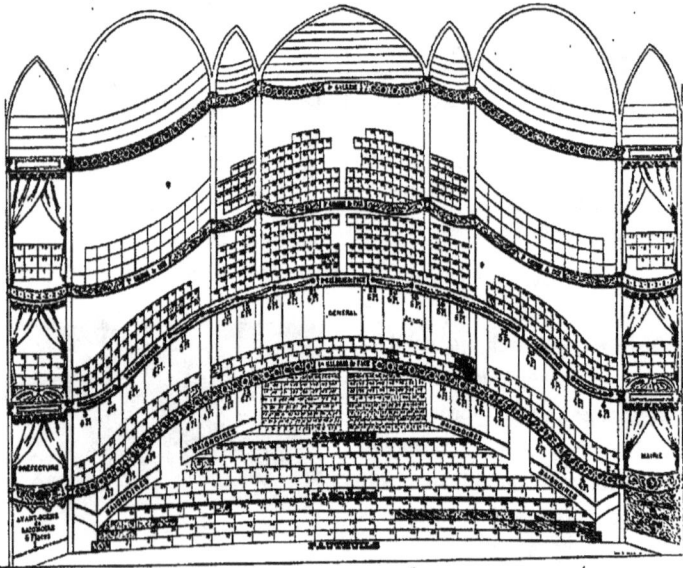

THÉATRE-DES-ARTS. — PLAN DE LA SALLE.

Le Théâtre-des-Arts, situé sur le quai à l'angle du cours Boïeldieu et de la rue Grand-Pont, fut inauguré en 1882. C'est un des plus célèbres de province.

Il fut ouvert en 1776, sur les plans de l'architecte Gué-roult et détruit un siècle après par un terrible incendie.

UNE PILE DU PONT FIXE (PONT BOIELDIEU EN SEPTEMBRE 1886).

Le théâtre actuel a été reconstruit sur les plans de l'architecte Sauvageot. Les figures du fronton principal sont de Chapu. Le plafond représente l'apothéose de Pierre Corneille, entouré des gloires rouennaises, telles que Louis Bouilhet, Gustave Flaubert, Fontenelle, Géricault. Ce plafond, qui est de Glaize, montre encore l'allégorie de l'Océan et de la Seine, ainsi que la danse et le char de Vénus.

L'escalier qui conduit au foyer, est décoré de panneaux par Demarest : Le Cid, Polyeucte, le Menteur, le Nouveau Seigneur, la Dame Blanche, le Petit Chaperon Rouge.

LE THÉATRE-DES-ARTS
Vu de la rue Grand-Pont.

Le foyer est fort bien aménagé, on y voit de belles peintures décoratives de Paul Baudoüin, et au plafond la Comédie ét la Tragédie par Millet.

Le Théâtre-des-Arts, qui appartient à la ville et est subventionné par elle, contient quinze cents places. On y donne des représentations lyriques du 1er octobre au 1er mai. La salle actuelle date de 1852.

Les Artistes sont soumis, au commencement de chaque saison, à trois débuts et le directeur, qui a la jouissance gratuite de la salle, et d'un matériel assez considérable, est également exonéré des frais d'éclairage et du droit des pauvres. Il reçoit, en outre, une subvention en argent de cent vingt mille francs.

Depuis 1898, la façade du théâtre, qui donne sur le quai, est ornée d'une vaste marquise exécutée, par le ferronnier Marrou, pour le compte du propriétaire du café Victor, qui est un des plus riches établissements de la ville.

L'Administration et l'entrée des Artistes sont rue de la Champmeslé.

* *

La première Bourse, instituée à Rouen, date du 31 janvier 1550 et se trouvait près des Cordeliers, couvent qui était situé dans la rue, à tournure étrange, qui porte ce nom et qui est très mal habitée.

Vers 1664, la communauté des marchands obtint sur le port, un emplacement où ils se firent construire une Bourse que l'on voyait encore en 1827.

La Bourse actuelle ou Palais des Consuls, qui est située sur le cours Boïeldieu, est un édifice

LE THÉATRE-DES-ARTS EN 1776. — LE THÉATRE-DES-ARTS EN 1882.
LA SALLE ET LA SCÈNE.

qui se compose d'une partie ancienne et d'une partie nouvelle. Cet emplacement fut d'abord occupé par la Juridiction consulaire, créée par édit d'Henri II, en 1556.

Le palais actuel fut construit, en 1734, sur les plans de l'architecte Blondel. Sa façade principale était sur la rue Nationale. En 1894, on fit sur le quai une nouvelle façade qui se compose d'un pavillon central avec dôme et fronton, avec groupe de sculpture dû au ciseau de R. Varlet. On fit également une aile reproduisant les dispositions de l'aile primitive.

LA BOURSE

Dans cet édifice, sont installés la *Chambre de Commerce*, le *Tribunal de Commerce* et le *Bureau central des Télégraphes et Téléphones*, avec une succursale postale.

L'escalier monumental à rampe en fer forgé, à deux volées, est remarquable par ses proportions architecturales. En 1854, on y plaça une statue de Louis XV par Consta.

On admire également les belles proportions de la chambre du premier étage qui est destinée au Tribunal de Commerce. La Chambre de Commerce, appelée encore *Salle du Concert*, est garnie de belles boiseries.

L'intérieur de l'édifice est orné de plusieurs œuvres d'art, entre autres : *Le Commerce*, belle allégorie par Le Monnier ; *l'entrée de Louis XVI à Rouen en 1786*, du même auteur ; les portraits des principaux commerçants de Rouen sont reproduits dans un tableau de Schopin : la *Visite de Louis Philippe à la Chambre de Commerce*.

A citer encore, dans la salle d'audience du Tribunal, un *Christ*, par Dumont.

Le rez-de-chaussée est occupé par une vaste salle à arcades où se fait entendre la musique, deux fois par semaine, pendant l'hiver. C'est dans cette salle qu'eût lieu la première exposition de Rouen, inaugurée en 1.., par Bonaparte.

Devant l'édifice s'étend une place plantée d'arbres, c'est la Bourse découverte, où se réunissent les commerçants quand le temps est beau ; elle était naguère entourée d'une grille en fer qui a été transportée à l'entrée du Grand-Cours.

ESCALIER RUE DU PETIT-SALUT.

La *rue des Charrettes* obscure, humide et triste, tient son nom d'une porte dite *aux charretiers* qui existait avant le xviiᵉ siècle.

Elle est parallèle à toute la longueur des quais et se développe jusqu'au Théâtre-des-Arts, se continuant par la rue de la Savonnerie jusqu'à la place de la Basse-Vieille-Tour. On y voit plusieurs maisons du xviiᵉ siècle.

.·.

La *rue Nationale*, qui commence au quai de la Bourse, longe le palais des Consuls et aboutit à la rue aux Ours, fut ouverte en 1791, à travers l'emplacement du couvent des Cordeliers. Elle a été continuée jusqu'à la rue aux Ours en 1830.

Au haut de la rue Nationale, au nᵒ 41, se trouve l'ancienne église *Saint-Pierre-du-Châtel* qui avait été primitivement construite sur l'ancien emplacement du château ou *châtel* qui avait été élevé par Rollon.

Cet édifice religieux ne présentait de remarquable que sa tour gothique,

avec statues, qui subsiste encore aujourd'hui. On y voit une porte avec bas-reliefs sculptés de la Vie de saint Pierre.

Cette église, construite dans le style du xviᵉ siècle, est actuellement occupée par un magasin de métaux.

.·.

La *rue aux Ours* tient son nom d'un ancien marché où en vendait de la volaille et

TOURELLE (1)
sur l'emplacement des Nouvelles Galeries (disparu).

UNE ENSEIGNE EN BOIS DU XVIᵉ SIÈCLE
pâté de maisons des Nouvelles Galeries.

(1) Les dessins relatifs aux rues Grand-Pont et Saint-Etienne-des-Tonneliers sont extraits du *Journal de Rouen*.

VUE GÉNÉRALE DES QUAIS. — LE PONT BOÏELDIEU.

principalement des oies ou oües, vieux nom gothique, qui finit par être transformé en rue aux Ours, On la nommait encore en 1433, rue aux Oües et, en 1574, rue aux Oysons.

C'est dans la rue aux Ours, au n° 61, que naquit, en 1775, le compositeur de musique Boïeldieu, et le chimiste et physicien Dulong vit également le jour, en 1785, au n° 46 de la même rue.

On y voit de nombreux hôtels du XVIII° siècle et, au n° 20, la *Fontaine de Saint-Cande-le-Jeune*, qui est en pierre, adossée et formant niche. Elle date de 1709.

Dans la *rue Ampère*, autrefois rue du Petit-Salut, on remarquera un bel escalier en bois d'une ancienne maison. On prétend que le père de Gustave Flaubert, habita cette maison quelque temps.

L'ancienne rue du Petit-Salut tenait son nom d'une auberge dont l'enseigne représentait un prêtre à l'autel, célébrant le salut.

Plus bas, en redescendant la rue Grand-Pont, on trouvera, à droite, la *rue du Fardeau* qui tient son nom d'un hôtel s'élevant vers 1597 et dont l'enseigne consistait en un cheval de plomb pesamment chargé.

Cet hôtel portait l'enseigne de *Hôtel du Fardel*.

Au n° 1 de cette rue on voit une maison du XVI° siècle.

STALLE EN BOIS de l'ancienne Eglise St-Etienne-des-Tonneliers.

ESCALIER EXTÉRIEUR rue Saint-Etienne-des-Tonneliers.

Au coin de la rue Jacques-le-Lieur est située l'ancienne église *Saint-Etienne-des-Tonneliers*, construite de 1491 à 1533, et dont une partie a été transformée en magasins de commerce.

La nef est à deux bas côtés ; le collatéral nord et le portail sont très sculptés, mais ils sont dans un grand état de délabrement.

Le portail fut construit en 1533 et la tour qui l'avoisine, en 1530.

La rue Saint-Etienne-des-Tonneliers possède une maison du xviie siècle, avec grande porte en bois sculptée et une belle maison du xvie siècle qui a été restaurée avec goût et qui possède des panneaux de bois Renaissance.

La construction des *Grandes Galeries*, en 1898, a nécessité la démolition de plusieurs anciennes maisons curieuses dont nous donnons les dessins, et qui formaient un pâté très pittoresque entre les rues Grand-Pont, Saint-Etienne-des-Tonneliers et du Fardeau. Du reste, dans tout ce dédale de rues, ce n'est que vieilles maisons sur vieilles maisons, à façades vénérables sur romantiques pignons, avec pittoresques lucarnes et fenêtres de greniers.

POTEAU D'ESCALIER
de la maison rue Saint-Etienne-des-Tonneliers.

TABLE DES MATIÈRES

TABLE DES GRAVURES

ERRATA

Page 80. — La phrase commençant par : *De nombreuses manifestations, etc.*, doit se lire avant celle commençant par : *Au centre du cimetière, etc.*

Page 90. — Au lieu de : *Au portail principal, place Saint-Clément,* lire : *Saint-Vincent.*

IMPRIMERIE J. GIRIEUD ET Cᵒ

www.ingramcontent.com/pod-product-compliance
Lightning Source LLC
Chambersburg PA
CBHW071950110426
42744CB00030B/734